DE NETANYAHU
Y
OTROS GRANDES ANTISEMITAS

Gerardo López Laguna

# DE NETANYAHU Y

# OTROS GRANDES ANTISEMITAS

EDITORIAL ANAWIM 2024

© Del texto, Gerardo López Laguna, 2025
© De esta edición, Editorial Anawim, 2025

Cubierta diseñada por María Giménez-Arnau
Web: mariagimenezarnau.com

ISBN: 978-84-128851-3-2

Dpto. legal: M-12960-2025

Editorial Anawim S.L.
CIF: B-10812618
C/Condesa de Venadito 17, 4ºD
28027 Madrid


Web: anawim.es
Email (información y propuestas):
anawimperiodico@gmail.com

# ÍNDICE

# I
## LA FRANCA IMAGEN DE UN CRIMEN

Quiera Dios que a la hora de que este pequeño libro salga a la luz hayan cesado las matanzas...

Vamos a hablar en esta reflexión con cierta brusquedad tajante, desde unas convicciones que se van a intentar plasmar aquí del modo más claro posible. Si a alguien iluminan o confirman, o corrigen, o le facilitan el salir de algún atolladero en sus juicios... pues bien, ésa es la intención. Si a otros enfada o encoleriza incluso, o le provoca desprecio por el autor... pues también bien: no es que ésa sea la intención, pero por lo menos la reacción testificaría claridad en la exposición.

Y vamos con ello.

Dan lo mismo los prolegómenos históricos o las consecuencias de determinadas acciones, los equilibrios, los temores por «no responder», las supuestas necesidades de mostrar supuesta fortaleza, los repartos de culpa, los «quién empezó primero», las interpretaciones, las justificaciones: matar niños, acabar con familias enteras, con ancianos, con discapacitados, con civiles desarmados, mutilarlos, quemarlos, sepultarlos… es un pecado, una repugnante ofensa deliberada a Dios, a la humanidad que ha hecho a su imagen. Una ofensa brutal de los propios ejecutores hacia sí mismos, que manchan sus espíritus con sangre que clama al cielo. No es una advertencia moralista, sino total. Compromete el alma de los responsables, de los que obedecen, de los ejecutores directos e indirectos, de los que financian, de los que brindan sus apoyos morales y políticos… Ahí, por ejemplo, entre los financiadores del crimen y los apoyadores, la muy hipócrita y muy sangrienta actitud de sus altezas imperiales y muy democráticas del gobierno anterior de los Estados Unidos de América, y ahí la franqueza sangrante y muy sangrienta del actual dictador imperial que gobierna esa nación desde 2025… «Bibi, haz lo que quieras»…

Este carácter sobrenatural, este compromiso del alma, no se mitiga lo más mínimo, ni en pequeñísimo grado, aduciendo que «los otros» hacen lo mismo, o que quieren hacerlo, o que si no lo hacen en la misma proporción es porque no pueden. Aquí, a la vista de todos (las cámaras de los móviles captan ahora las habituales brutalidades bélicas que, también habitualmente, unos y otros intentan ocultar) se exhiben una parte de estos crímenes. Por supuesto, además de las inconcebibles escenas de sufrimiento que llegan a los medios de comunicación, está lo que circula en las redes y no sale en tales medios: la realidad plena de los bombardeos. Quienes hemos visto estas realidades, sabemos que no es *sólo* el sacar a un niño enterrado y ensangrentado, o el llevar corriendo y desesperados a un bebé en brazos y también ensangrentado a algún lugar miserable, un hospital destrozado y saturado, para que lo puedan atender, salvar, o contemplar impotentes cómo muere o ya está muerto… La realidad plena, la que circula de modo privado pero masivo en las redes, muestra a niños, y a quien sea, literalmente en pedazos, con esquirlas de carne y huesos a la vista, colgando o dispersos; muestra miembros esparcidos, personas con las vísceras fuera, cuerpos quemados o medio quemados incluso vivos aún... muestra gente aplastada, decapitada... No de soldados o milicianos, lo cual ya es un drama en sí... sino de niños, de madres...

Netanyahu, creado para amar y ser amado, y autor a día de hoy de su propia frustración como persona... y todos los demás, sujetos al mismo dinamismo sobrenatural: el portavoz de su ejército, cuyas mentiras —que producen sonrojo— están teñidas de arriba a abajo de sangre inocente; el mayor Kaplan, ese propagandista oficioso para hispanohablantes que habla en español con acento argentino y que hace de vocero de esas mentiras y de advertencias nada sutiles, como la de que lo que hacen no es genocidio, puesto que si quisieran un genocidio lo podrían hacer en dos días pues tienen medios técnicos para ello; los ministros fundamentalistas de tal gobierno, cuya blasfemia contra el Dios que en su día eligió de modo irrevocable a su pueblo para ser bendición de las naciones, resuena de un modo especialmente dañino y corruptor; los colonos integristas, partícipes de la misma blasfemia; los militares que obedecen y bombardean... desde el primer día de su respuesta, desde años atrás, a casas familiares por miles, a tiendas de campaña miserables, a vehículos de ayuda humanitaria, a ambulancias, a lugares de reparto o almacenamiento de ayuda... ¡a hospitales de modo sistemático!, ¡¡a maternidades!!... a mezquitas, lugares sagrados donde se invoca al Dios de Abraham, es decir, al Dios de Israel...; los francotiradores que —ellos lo saben bien— disparan contra ancianas con una bandera blanca y un niño agarrado en las manos; que disparan, con un simbolismo genocida dirigido intencionalmente a conocimiento de las víctimas, contra mujeres embarazadas, y en la tripa... los soldados que han llegado a azuzar a sus perros para que destrocen el vientre de mujeres embarazadas ¡mientras reían!; los que disparan contra niños, contra familias que recogen agua, alimentos, si los hay, o van desesperadas corriendo a un hospital maltrecho... advirtiendo letalmente, de modo ejemplarizante a los informadores, es decir, a los periodistas, y a cualquiera que ose intentar ayudar a gente inocente y desesperada que necesita ayuda; los que han torturado y vejado sexualmente a prisioneros y prisioneras, los que se han burlado cantando públicamente y con alegría por la falta de luz, de agua y alimentos en Gaza, los que han profanado cadáveres; los fanáticos, blasfemos, que integran algunas secciones de ese ejército, y que están formadas específicamente por fundamentalistas que creen obedecer a Dios; los mismos fanáticos, que llevan a sus niños a contemplar desde barcos los bombardeos sobre Gaza, o que en Cisjordania asaltan camiones con alimentos y los destruyen para que los palestinos sufran hambre y se vayan... Los estrategas ajenos a toda noción de bien y de un mínimo respeto hacia los inocentes que usan el hambre como arma de guerra y de terror a fin de suscitar desesperación en una población que quieren desaparezca combinando la aniquilación, la destrucción de cualquier recurso para sobrevivir y la expulsión...

Para la ejecución de esta tragedia —activa a la hora de escribir estas páginas— se han conjuntado dos sensibilidades aparentemente contradictorias y excluyen-tes entre sí, que en verdad no lo son, pues ambas coinciden en desconocer la gracia y la caridad: son el integrismo religioso y el pragmatismo laicista o ateo. Estas dos fuerzas político-morales, bien asentadas en la sociedad israelí, justifican e impulsan, cada una con sus propias motivaciones ideológicas, este tremendo crimen. A nosotros nos interesa escudriñar la motivación ideológico-religiosa porque estimamos que su poder de confusión, de destrucción, de corrupción espiritual, es enorme, es mayor.

# II
## LA MANIPULACIÓN BLASFEMA
## DE LA ESCRITURA

He aquí que Netanyahu se ha convertido en la práctica y para muchos en un nuevo Josué… El esquema es tan sencillo como aberrante: los integristas judíos pretenden descubrir su legitimidad para la matanza y expulsión de los palestinos, en una parte de la Escritura, literalizada y descontextualizada del resto de la Escritura, del carácter histórico (progresivo, evolutivo, tipológico) de la revelación, y descontextualizada del tiempo actual; no en el sentido de no someterse a los dinamismos y tiranías del tiempo, lo cual puede ser no sólo legítimo sino un imperativo de la verdad, sino desconectada de los retos espirituales y morales del tiempo presente, de lo que en ellos habla Dios de modo confirmatorio, de su presencia en los retos que se confrontan con los males de cada tiempo, para purificar las respuestas, corregirlas, iluminarlas con el amor y el amor a la verdad.

Ellos, simplemente y con el corazón endurecido hasta lo inverosímil, pretenden estar echando a *los cananeos* para tomar posesión de la tierra que Dios les habría dado. Y, además, con los mismos medios que se emplearon en aquella conquista, medios que consideran legítimos según su petrificada y selectiva lectura de la Escritura… Unos 3300 años han transcurrido desde aquellos eventos, años en los que para estas personas parece que Dios quedó en suspenso, Él mismo petrificado en su relación con los hombres, y en su específica relación con el pueblo hebreo.

La lectura moralista y literalista de aquellas guerras es, como hemos dicho antes, una aberración. Nos situamos en el contexto y vemos un estadio primitivo de la revelación y del plan de Dios para con Israel y la humanidad, en el que Él se *introduce* en la historia caída de la humanidad, una historia profundamente carente, fragmentada, oscurecida, para iniciar un lento proceso de transformación espiritual. Lento, a nuestra escala, porque el grado de destrucción íntima y de oscuridad causado en la humanidad por la desarmonía producida por el pecado afecta a todas las dimensiones humanas en proporción a los dones perdidos. Nada más y nada menos que dones divinos. Una caída brutal entonces, algo enorme que como una ola condiciona a los pueblos y a los individuos, y los sujeta empequeñeciendo su sensibilidad, embotando sus mentes, deformando sus espíritus. La lentitud del proceso de transformación espiritual y el lenguaje moral que acompañará a dicha transformación es una revelación pedagógica: para que los hombres vivan la impotencia ante tanta hondura, ante tanta gravedad, y así pueda florecer el deseo de humildad, el deseo de una intervención de Dios. «Lento» decimos, a escala humana… porque «para Dios un día es como mil años y mil años como un día»… Tremendo misterio el del Eterno en relación con el hombre, misterio que se puede intuir sin aprehensión alguna, en la punta del alma, y por el que sabemos que la historia toda es como un acto, que el pasado es redimible, que el futuro, la victoria de Dios en su dimensión tangible para los hombres ya está operando. Un misterio que permite ver con otros ojos a las épocas pretéritas, desde esa plenitud, sin afán cronocéntrico —que juzga con orgullo a aquellos hombres del pasado y sus hechos— y sin indebidas sacralizaciones de cualquier pasado, cuyas carencias y oscuridades ha mostrado Dios mismo en el continuum de su revelación.

Una ola de impotencia para el bien pleno, decíamos; y como signo de esta ola, la violencia omnipresente, la crueldad... la guerra. Es ahí donde opera la revelación, la intervención tangible de Dios.

El contexto histórico que hoy sacralizan los integristas, en este caso desde una vivencia del judaísmo que compromete a la propia judaidad de estas personas, habla de guerras clánicas y psicologías clánicas, donde el otro, sea cual sea su condición, era absolutamente otro y hostil; habla de conquistas brutales, de esclavitudes y deportaciones, de exterminios, de un concepto universal de «prójimo» reducido hasta el extremo. Habla de la con-naturalidad con que todos, eventuales conquistadores y eventuales conquistados, viven lo que posteriormente se calificó como «derecho de conquista», un concepto cuestionado de tanto en cuando por sólo unos poquísimos espíritus y que más tarde aún, a pesar de la práctica generalizada del mismo, se fue concibiendo con progresiva claridad como algo ilegítimo.

Cuando Dios libera de la esclavitud al pueblo de Abraham, de Isaac y de Jacob, con signos de muerte hacia sus explotadores, y le promete una tierra, que ha de conquistar por las armas, esta intervención se sitúa en los dinamismos de la época. Insistimos: una época carente, oscurecida. Cuál es entonces el mensaje de carácter universal que se puede extraer de aquellos acontecimientos, es decir, un mensaje que valga para todos los espíritus de todas las épocas posteriores. No ciertamente un mensaje moral que justifique la guerra de conquista o el exterminio de los pueblos que son enemigos entre sí. Estos hechos, la conquista y el eventual exterminio de los conquistados, eran realidades históricas bien conocidas. Es decir, no son una novedad enseñada por Dios, introducida en la historia por orden de Dios y que distinguiría por eso a este pueblo concreto de los otros. No es tampoco un signo de legitimación moral por el que este pueblo estaría autorizado a conquistar y exterminar mientras que esto estaría vetado a los otros pueblos… La propia revelación progresiva recibida por el pueblo de Israel aclara que el mensaje es otro.

Aquellos acontecimientos dramáticos, cuyos procedimientos podían ser vistos en su momento como algo «normal», no contenían un mensaje moral de origen religioso, como pretenden los exterminadores de hoy, sino una semilla revelada de lo que es el mundo de la gracia. De la humildad ante Dios. Una vida de gracia llamada a crecer en su realidad y en su comprensión a través de las edades y que sí contenía en sí una transformación moral progresiva: precisamente la que declararía posteriormente la ilegitimidad absoluta de matar a cualquier inocente. Y aún más…

En aquel lenguaje, el lenguaje de los dinamismos brutales de aquella época, esto se traducía en una suerte de *interferencias* que parecerían obstaculizar la lógica de la conquista armada, el pragmatismo que siempre la ha caracterizado y la caracteriza para llegar por cualquier medio a su fin, que no es otro que el de ganar y aplastar al enemigo: tales *interferencias* se mostraban en aquellas extrañas indicaciones religiosas que intentaban empezar a situar a los miembros de ese pueblo en una lógica distinta, la de la dependencia humilde de Dios. Efectivamente, aquello de ir a la guerra «sin contar caballos ni armas» sino sólo confiando en la ayuda de Dios; aquella batalla contra Amalec en que los momentos de aguante y victoria o los de retroceso y derrota dependían de que Moisés tuviera alzados los brazos en súplica a Yahvé; aquello de separar en dos grupos a los soldados según el modo que hubieran empleado para beber —con el agua en las manos a modo de cuenco, o sorbiendo directamente el agua del río— para al fin despedir al grupo mayoritario y lanzarse al combate con unos pocos, «para que Israel no se engría» y sepa que la victoria se la da Dios de modo gratuito... El propio «herem», el exterminio de los conquistados y que otros pueblos practicaban como medio de castigo y modo de extender una fama terrorífica, aquí significa que no se conquista una ciudad para enriquecerse con bienes y esclavos, para engrandecerse ante los otros. Que la conquista es *gratuita*... Todo esto, que ahora nos perturba y hiere nuestra sensibilidad espiritual porque Dios ha seguido revelándose y quiere positivamente que nos perturbemos y que nuestra sensibilidad espiritual quede herida ante el sufrimiento de cualquiera en cualquier lugar y de cualquier época —y no sólo el de los inocentes—, contenía un solo mensaje: receptividad, gracia, conocer y saborear al fin esta verdad enunciada por el judío Pablo de Tarso e inspirada por el Espíritu: «qué tienes que no hayas recibido»...

Y esta verdad, esta semilla de la revelación de la gracia que atraviesa toda la Escritura, se manifiesta en crecimiento en la propia Escritura... hasta llegar a transformar radicalmente las concreciones morales: por eso, el Talmud, más de mil años después de aquellos eventos guerreros, podía decir con toda verdad que el que mata a un inocente mata al mundo entero... Quienes ahora están matando no a uno, sino a miles y miles de inocentes, con crueldad ejemplarizante calculada, con intención de limpieza étnica, de genocidio, de «castigar a un pueblo», y quienes de entre ellos, además de los militaristas pragmáticos y los políticos amorales, invocan a la religión para justificar y cubrir incluso de entusiasmos estos crímenes... son personas que no quieren dejar que Dios hiera su sensibilidad. Que la transforme según su gracia, según su Ser misericordioso. Son personas que pretenden usar al propio Dios para cimentar alegremente, entre músicas, entusiasmos por la fuerza destructora, risas e ironías amenazantes, su propio odio. Autodestructivo, asesino, propagador de más odio en el mundo, violador de vidas inocentes, corruptor de sus propios hijos. Y blasfemo, brutal y obscenamente blasfemo.

No son los únicos en la historia, claro. Entre cristianos, por ejemplo en las guerras a los pueblos originarios en América, en Sudáfrica, en Australia... también ha habido quien pretendía estar echando, sometiendo, exterminando, a *los cananeos* para tomar posesión de la tierra que Dios les habría dado... La mística judía —como la cristiana y la islámica— ha podido, sin embargo, contemplar aquellos eventos, aquellas guerras de conquista y exterminio, como una tipología de la verdadera batalla que se desarrolla en el mundo: es la batalla contra el pecado que acecha desde el propio interior, por instigación diabólica en aras de frustrar el destino total de los hombres y mujeres concretos, por seducción del mundo, es decir, por sumisión a los modos establecidos que contradicen la voluntad de Dios... Ahí, por ejemplo, estas sacralizaciones extemporáneas, verdaderas idolatrías, para justificar crímenes de hoy tal como contemplamos en la tragedia de Palestina.

Tanto la espiritualidad cristiana como la tradición islámica que nos habla de la gran yihad como aquella contienda que se desarrolla en el interior y de la que las viejas historias guerreras eran anticipación simbólica, coinciden con la mística judía, que intenta ante todo interpretar la palabra de Dios, extraer los sentidos últimos que están ocultos en la letra literal, con la fuerza de la gracia de Dios romper con el pecado que impide la unión y, por tanto, la transformación… Después de los Profetas, de las solemnes afirmaciones universalistas que expresa la propia Escritura hebrea, por las que la elección tiene como fin la salvación de todos… después de la revelación incesante de un amor universal donado por Dios y que va extendiendo su campo hasta abarcar el mundo entero y la historia entera… quien vive hoy autocomplacencia en el horror padecido por los demás —y esto, ¡vivido como voluntad de Dios!—, no sólo apaga en sí cualquier indicio de esa batalla sobrenatural contra el propio pecado que anunciaban aquellas antiguas historias bíblicas, sino que se afianza en un orgullo estéril y sangriento. Un corazón que no se conmueve, en lo hondo, ante el llanto de una madre con el cadáver de su hijo, antes bien, aplaude la escena, se goza en ella, es un corazón alejado de Dios por mucho que los labios lo invoquen constantemente y el concepto «Dios» esté presente en todos los discursos: esto no pasa de ser una fabricación humana, una idolatría a medida de las bajezas humanas.

Dios, celoso de sí mismo en su amor por la humanidad, va iluminando el carácter de la elección para que Israel no se ensoberbezca. Y lo hace con palabras de advertencia, desconcertantes para aquellos hebreos… y censuradas, manipuladas, por los integristas judíos de hoy y por los arreligiosos que en los gobiernos de Israel utilizan impúdicamente a la religión para azuzar y contentar a los otros.

Así, Yahvé recuerda al pueblo hebreo que Él ha dado a otros pueblos tierra, como a él. «Yo se la he dado en posesión» (Dt 2,5; 2,9; 2,19). Y lo que es más desconcertante, dice a Israel que en sí mismo no es diferente a otros pueblos, que con ellos también ha obrado su providencia... «Si saqué a Israel de Egipto, también saqué a los filisteos de Creta y a los sirios de Quir» dice Dios por boca del profeta Amós (Am 9,7)... La elección tiene que significar otra cosa, no una predilección por mérito propio, ni un ser escogido «contra» los otros... Tremendos los tipos que el Espíritu inspira: filisteos, sirios... incluso Egipto —el gran «tipo» de la oposición a la voluntad de Dios—, a quien Yahvé herirá para que se deje sanar; incluso Asiria... Dice Dios que «aquel día habrá una carretera de Egipto a Asiria; los asirios irán a Egipto y los egipcios a Asiria, y Egipto y Asiria servirán a Yahvé. Aquel día Israel, el tercero con Egipto y Asiria, será una bendición en medio de la tierra. Yahvé de los ejércitos los bendecirá de esta manera: "Bendito sea mi pueblo Egipto, Asiria, la obra de mis manos, e Israel, mi heredad"» (Is 19, 23-24).

## III
## O RECEPTIVIDAD DE UNA GRACIA INMERECIDA O APROPIACIÓN ORGULLOSA QUE DERRAMA SANGRE INOCENTE

La elección de un Pueblo, es decir, la llamada personal a cada uno de sus miembros, PARA SER bendición de todas las naciones en un plan de redención universal...; el don de recibir la fe en el único Dios en los que le confiesan desde el Islam, y el don de recibir la revelación de que Él es Misericordia y Clemencia hacia todos los hombres; la gracia del bautismo sacramental para ser incorporados visiblemente a un misterio que tensa la historia entera y que muestra el rostro de una comunidad que lo es a modo de signo e instrumento de una salvación universal...

Todo, todo en la familia abrahámica nos habla de gracia inmerecida —pues con Dios no se puede comerciar, no hay un *do ut des*— y de amor universal. Todo es gracia, todo ha sido dado no para apropiación o dominio de los otros, sino para donarlo. Para testimoniar en paz. La fe, la propia pertenencia a una comunidad de fe, sea por decisión personal en respuesta a una gracia, una llamada, sea por inserción providencial, histórica, desde una familia y a la espera de personalizar e interiorizar lo que ya es una vocación, significa, por tanto, don y responsabilidad. No un instrumento mundano de justificación de los dinamismos rastreros que dominan las relaciones humanas en un mundo caído y en combate espiritual. Es decir, un mundo sometido a fuerzas impersonales que pueden atacar la libertad y a las que es preciso, con la fuerza liberadora de la fe, identificar para su uso, su reforma, su doma o su rechazo. Y un mundo sometido al entramado de decisiones personales, humanas y angélicas, que necesitan asimismo ser iluminadas por la fe para discernir el bien del mal. La fe no es ideología.

Los llamados supremacismos contradicen la voluntad de Dios. Todos rematan en racismo, algunos ya provienen de él de un modo explícito y elaborado. Los supremacismos culturales son especialmente devastadores para la fe, porque desdicen de esa gratuidad, de la experiencia de los dones inmerecidos y del impulso consiguiente, y movido por Dios, de compartir y de recibir de parte de los otros en paz. Entre cristianos ha sido impresionante la reducción de esta fe a occidentalismo eurocéntrico. Un signo de servidumbre a esos dinamismos caídos de que hablamos… No hay más que ver esas llamadas «Historias universales», de la disciplina que sea, elaboradas en la Europa expansionista… y hasta hoy. Historias del Arte, del Pensamiento, de la Literatura, de la Filosofía, o, valga la redundancia, de Historia de la humanidad… Sonrojo el ver el calificativo de «universal» a dichos estudios. Supremacismo, a veces inconsciente, por sometimiento a una idea dominante; otras, con conciencia de supuesta superioridad.

El culmen de todo esto es el supremacismo religioso: en nombre de la pertenencia se ignora y se contradice la gracia de la misma convirtiendo la imagen en una caricatura sangrienta, llena de odio y de desprecio. El misterio de la elección de Israel, por supuesto no de un Estado, sino de los miembros de un Pueblo *teológico*, una elección que según San Juan Pablo II jamás ha sido revocada, se puede corromper —y de hecho sucede así en el drama de la historia— mediante la apropiación. Y entonces contemplamos el horror de que miembros de ese pueblo odian a otros pueblos, consideran a otros como no humanos, como desechos, estorbos eliminables. No sólo como respuesta a un odio previo de parte de otros: esto nunca es unilateral sino circular, mutuo, por mucho que en la concreción histórica unos hayan perdido más, mucho más que otros. Un odio que forma parte de ese entramado de relaciones oscuras entre todos los pueblos, entre todos los hombres, y que precisamente quiere ser sanado por la revelación de la gracia de Dios, que conduce al fin a dar amor gratuito porque se ha recibido Amor gratuito.

El supremacismo religioso que muestran a día de hoy y de modo ostensible quienes en Israel cometen crímenes masivos contra inocentes, muestra muchas cosas: un renegar de toda la Escritura, en primer lugar. Pues toda la Escritura es humildad, el reconocimiento persistente y reiterativo de la propia infidelidad y de la fidelidad inquebrantable de Dios. Lo contrario a cualquier apropiación orgullosa de la religión conversa en ideología supremacista, racista, opresora, negadora del amor.

Ese supremacismo religioso, así como el de los pragmáticos laicistas, han usado el crimen masivo del 7 de octubre de 2023 como una excusa para abrir de par en par las compuertas de todo lo que llevaban ya dentro. Los unos midiendo con frialdad maquiavélica oportunidades para mantener el dominio estratégico y político de la zona creyendo que con una limpieza étnica van a asegurar ese dominio al que se refieren con el eufemismo de «seguridad». Los otros, los que provocan más daño en lo profundo, como excusa para su plan de expulsión total y de procedimiento exterminador en su desarrollo, en nombre de Dios… Ambos provocando con alegría en el corazón el sufrimiento extremo de miles de personas inocentes. Un niño discapacitado, en silla de ruedas, que ni siquiera puede moverla y tampoco gritar, es quemado vivo en una tienda de campaña de un miserable campo de refugiados internos… Su abuela lanzaba el lamento sagrado de su inocencia, de que no podía ni huir ni gritar mientas moría… Quiera Dios permitirle interceder por sus verdugos, quiera Dios que éstos, un día, o *más allá del día*, pidan perdón de verdad y puedan ser acogidos, de manos de ese niño concreto, en la casa del Padre.

Porque es estremecedor pensar en los verdugos de este niño: los que orquestan el crimen masivo sin atender siquiera a la *nimiedad* de esas consecuencias concretas hacia tal o cual persona, o más, atendiendo a esas consecuencias y asumiéndolas como «lo que hay que hacer»; los que en su puesto de mando militar deciden bombardear el lugar y dan la orden; los soldados que, como casi siempre, obedecen todas las aberraciones y tiran los proyectiles… y los que lo tapan propagandísticamente, los que se alegran por el éxito de su ofensiva destructora… los que, conocedores del evento concreto sufrido por este hermanito de Dios, a quien Él glorificará, lo justifican de modo fatalista, o miran para otro lado, o lo ponen en la balanza de una *justicia* que atendería a otros agravios similares recibidos… Los que, por fin, movidos de un espíritu religioso blasfemo, se alegran, bien por el exterminio de una cría de alimaña, bien porque piensan y sienten que Dios es así servido y ni siquiera padecen movimiento emocional alguno ante la enormidad de tal evento criminal, un acto que, como millones similares a lo largo de la historia, conmueven el universo. Gente que, en fin, adora a Moloc y cubre esa adoración con el sagrado manto de la Escritura.

Hay en todo ello, en las apropiaciones religiosas de parte de quien fuere, una profunda imbecilidad espiritual, por usar un término grato a Chesterton. Sea un bautizado occidentalista que hace profesión de islamofobia, sea un musulmán que se crea autorizado a violentar unas conciencias que sólo son de Dios y que sólo Dios conoce, sea un judío religiosamente partícipe de este crimen y que vive la elección como signo de superioridad contra los otros…

# IV
## LA «VUELTA A LA TIERRA»
## Y EL NACIMIENTO DEL ESTADO DE ISRAEL

El espíritu de la «vuelta a la tierra», vertebrador de las esperanzas religiosas del pueblo judío durante generaciones y generaciones, no es identificable en todos sus contornos con los dinamismos morales y factuales que concurrieron a la conformación de Estado de Israel.

Ante todo, y contemplando el drama de aquel proceso histórico, sabemos que el pasado no se puede rehacer, pero no sólo se puede aprender saludablemente de él, para recibir como herencia lo bueno, para corregir lo malo, sino que, desde unas realidades sobrenaturales a las que el mundo no cree, ese pasado se puede redimir. Perdón y reconciliación son como instrumentos y, a la vez, frutos de esta purificación del pasado. Aquella esperanza trasmitida a lo largo de siglos con conciencia de destierro, aquel deseo resumido en una breve y tremenda expresión, «el año que viene en Jerusalén», no podía menos, dada la naturaleza psicológica de los hombres, que dejarse teñir de mitificaciones ideales que dejaban de lado la historia real de las gentes que vivían en la zona —incluidas las pequeñas poblaciones judías— desde hacía siglos. No que se despreciara a esas gentes, sino que a muchos ni se les pasaba por la cabeza y el corazón el que aquella tierra anhelada estuviese poblada desde siempre.

Cómo pudieron ser las cosas si no hubiera mediado el pecado de los hombres en este proceso histórico de reciente asentamiento de personas y familias judías en las tierras del viejo Israel bajo dominación otomana, es decir, si se hubiera establecido cualquier relación entre pueblos desde el respeto personal no abstracto, desde el consiguiente reconocimiento de los derechos mutuos, desde la asunción alegre y libre de obligaciones respecto a los otros… no lo sabemos. Antes de la Segunda Guerra Mundial hubo expresiones mutuas de todo tipo, tanto de amistad como de enemistad y violencia, tanto de confianza y cooperación como de separación y recelo… Pero luego todo se precipitó.

Todos los pueblos conformados como naciones, con estatuto de Estado o no, tienen pecados originales. Todos, todos, desde las antiguas monarquías sacras, las sociedades fraccionadas en feudos y vasallajes que reconocían no obstante un numen nacional de alguna manera unificador, las naciones de estructura tribal… hasta los posteriores Estados nacionales, todos han agredido y han sido agredidos, todos han elaborado psicologías colectivas de carácter supremacista, todos han conquistado y sojuzgado… Pecados originales que en muchos casos son inseparables del propio nacimiento, de la existencia de diversos pueblos. Pecados originales que se ven siempre reforzados en la historia con nuevas guerras, con nuevos abusos y con la negativa obstinada a reconocer como pecado contra otros aquellas supuestas glorias fundacionales o las que posteriormente han engrandecido tales poderes mundanos.

Nadie escapa a esto… y sin embargo, en esa mezcolanza sobrenatural que constituye la trama de la historia y en la que se percibe la realidad desconcertante de una creación en bondad, una naturaleza sobrenaturalizada y de una caída que la contradice… vemos que en estos movimientos conformadores de los pueblos hay un anhelo legítimo. Libertad, pluralidad de modos sinfónicos desde la única realidad del ser humano, consiguiente cooperación entre los diversos pueblos, todos libres… Un anhelo que choca con problemas internos —el pecado— y con problemas objetivos que muestran el carácter inacabado, carencial, de la propia historia: cómo conjugar en un territorio abierto las diversas sensibilidades culturales y los consiguientes modos de organizarse, cómo respetar las conciencias y a la vez asumir valores colectivos universales, qué hacer cuando, con buena voluntad, se califican las divergencias culturales desde categorías morales excluyentes…

Esta tensión, estos problemas, sin embargo pueden transmitir algo saludable: que aquellos pecados históricos, aquellos agravios habitualmente mutuos o de algún modo siempre mutuos en cuanto hay víctimas inocentes en la cuantía que sea, no son algo fatalista. El anhelo legítimo de los pueblos en cuanto está vinculado a la noción de libertad, a la recepción del bien por parte de suficientes espíritus, puede conducir a la paz. Al amor, al respeto, a la relación constructiva. O, si esto no se traduce de modo tangible en la historia entre dos pueblos como tales, puede conducir a muchos de sus miembros a esos caminos de fraternidad. Puede convertir a muchos hombres y mujeres de ambos pueblos confrontados, en orantes activistas que contradicen el dinamismo del odio mediante gestos de amistad, mediante la desobediencia a lo que es criminal, la protección clandestina de perseguidos, la asunción del ser asimismo perseguidos por las autoridades y por gran parte de la propia sociedad...

Decíamos que en este drama histórico concreto, todo se precipitó tras la Segunda Guerra Mundial. Para el pueblo judío —tras la enormidad de la Shoah, culmen inconcebible de siglos y siglos de persecuciones y desprecios, y tras haber asumido en el corazón el carácter de posibilidad real, tangible, de esa «vuelta a la tierra»—, una opción que no fuera la constitución de una autoridad política judía era inconcebible. No sólo la desconfianza, sino el rechazo absoluto a cualquier opción que significara un estatuto judío —el que fuere— bajo una autoridad política no judía, era el fruto ineludible de los últimos acontecimientos genocidas. Otra alternativa, en aquella circunstancia, era impensable... Pero la población palestina, el mundo árabe que en ese territorio no sólo histórico sino también pleno de simbolismos sacros y esperanzas tanto para los árabes musulmanes como para los cristianos, este mundo que había vivido ya un proceso de conciencia nacional definido, estaba asimismo sujeta a poderosos temores bien fundados: no en vano la generalidad del mundo árabe llevaba viviendo humillaciones coloniales y violencias imperialistas desde hacía doscientos años. Y desprecios religiosos hacia el islam muy dolorosos. La vivencia del principio del fin, apenas vislumbrado un sueño de libertad tras la caída del imperio otomano, tras la marcha del imperio inglés, no podía ser más brutal.

Efectivamente, en aquella tesitura nadie tuvo fácil el leer las pretensiones del «otro» con benevolencia, buscando respuestas reales en justicia, sin dejar a nadie atrás.

Los palestinos contemplaban el movimiento sionista en su rama preponderante (ajeno a las culturas de Oriente Medio, laicista, con protagonistas ateos en su cúpula) como otra arremetida colonial. Había también en el seno de este sionismo racismo occidentalista, desprecio europeísta hacia los árabes, incomprensión, por parte de muchos de los judíos supervivientes del Holocausto…

Los judíos, por su parte, acudían a aquella tierra de sus promesas y encontraban a familias de su pueblo asentadas ya desde hacía algunas generaciones… Después de lo ocurrido con ellos en Europa y en el Norte de África, esa tierra era el lugar en el que se podrían rehacer las vidas de los que quedaron, la oportunidad de sacudirse los yugos seculares y criminales con que las autoridades antijudías los habían oprimido desde hacía casi dos mil años… Todos ellos venían heridos profundamente en el alma, todos habían perdido a gran parte de sus familias o a toda su familia de modo atroz, habían sufrido el contemplar la aniquilación inmisericorde de multitudes de inocentes… Los niños…

Hubo pecados fundacionales en el origen mismo del conflicto, por parte de personas de ambos pueblos. Enormes pecados… La búsqueda de equidistancias criminales, para repartir culpas, o el poner en balanzas mundanas el número y carácter de tales crímenes para ver quién ha matado más, quién empezó primero, quién ha sido más cruel… no tiene que ver con nuestra reflexión, cuya raíz y cuyo vértice es el Amor que Dios tiene a cada persona, su vocación a la santidad, es decir, a vivir en ese Amor, de ese Amor. El Amor que Dios tiene a cada palestino, a cada israelí, a cada judío, cada musulmán, cada cristiano, cada ateo, cada pecador, cada víctima y cada verdugo insertos en ese drama.

Hablamos de pecados fundacionales. Efectivamente y por ejemplo, hubo dirigentes árabes de la zona que habían colaborado activamente con Hitler. No personajes de segunda fila, sino destacados, como el Gran Muftí de Jerusalén. Esto no sólo era simbólico, no era el habérselas con personas que hubieran mantenido apoyos lejanos, *culturales*, al régimen nazi, era el confrontarse con quienes habían sido colaboracionistas efectivos, entusiastas antisemitas, en un momento de la historia en que los hornos crematorios aún estaban calientes. Estos dirigentes y quienes se habían entregado al odio antijudío hasta llegar a comulgar con los postulados y las pretensiones del nacionalsocialismo, siguieron alimentando ese odio genocida una vez comenzó el trágico conflicto entre ambas comunidades.

Hubo dirigentes judíos, actores destacados en este conflicto, que venían ya con un bagaje criminal acentuado. La Shoah, la experiencia extrema de la aniquilación de los miembros del pueblo del que se formaba parte, el haber estado a punto de nutrir la filas de los exterminados, produjo reacciones espirituales no sólo diversas, sino antitéticas. Hubo quien se hizo mejor y más profundo, como Viktor Frankl; hubo quien se sumió en una desesperación apenas disfrazada, como Primo Levi, quien no tenía a nadie a quien acudir, no podía mirar hacia *arriba*; hubo, por fin, quien se entregó a un odio feroz, como Kovner y su grupo, quienes pretendieron envenenar las aguas de varias ciudades alemanas tras la guerra calculando la muerte de unos seis millones de personas como justa respuesta a las dimensiones del Holocausto…

Muchos de estos judíos europeos, ajenos a las culturas de Oriente Medio, asimismo estaban inmersos en la psicología y la moral que prevaleció entre los aliados, es decir, en la entrega total a un pragmatismo amoral que justificó todo para aplastar al fascismo. No es ésta una apreciación que intente apaciguar o equilibrar de algún modo las responsabilidades nazifascistas. Cada cual tiene las suyas, y los aliados —hasta ahora de modo absolutamente impune incluso en el grado de los juicios morales— fueron responsables de la muerte violenta, de las mutilaciones, de los desplazamientos forzosos con resultado letal, de millones de no combatientes: estaban dirigidos por personajes avezados en los exterminios masivos de inocentes… Churchill, Roosevelt, Truman, Stalin.

Engullidos en la vorágine de la guerra y de las apocalípticas aberraciones hitlerianas casi nadie fue capaz de cuestionar los infiernos acontecidos en Hamburgo, en Dresde, en Berlín, en Tokio, en Hiroshima y Nagasaki, en un sinfín de lugares mediante la acción directa de quienes luchaban por «la democracia», y mediante la deliberada entrega a Stalin de millones de personas a fin de ejecutar una limpieza étnica reequilibradora en Europa del Este.

Muchos de los conflictos armados originados en el mundo posterior a la Segunda Guerra Mundial han justificado sus propias aberraciones concretas contra gente concreta no combatiente, aberraciones contra niños, con el argumento apriorístico de la legitimidad de lo que se hizo para salvar al mundo de las pretensiones de Hitler. Sigue siendo aquello el modelo de «los buenos» contra «los malos», esquematizado de modo nítido y criminalmente simplista. Churchill, sobre todo Churchill, sigue *blanqueado* de modo incomprensible. Este hombre, sobre el que desde las convicciones de quien esto escribe se puede y debe rezar, junto a su particular carnicero, Sir Arthur Harris, fueron genocidas. Y fueron obedecidos a la letra.

A día de hoy y tras la inmediata evidencia de que el gobierno israelí, desde el día «uno», comenzó a responder al crimen de octubre de 2023 como se había comportado casi siempre pero multiplicando sin tasa la acción con propósito de solución final… es decir, ante la evidencia del crimen de bombardear a la población civil, también ha habido quien ha acudido a la autoridad de Churchill para justificar las acciones. El silogismo es sencillo: Churchill defendía «la democracia», luego es el bueno; Israel —el Estado— «es una democracia», luego son los buenos; Churchill bombardeaba a civiles, luego el Estado de Israel puede bombardear a civiles. Tal cual se ha afirmado.

## V
## «EL DERECHO A EXISTIR»
## Y LA VOCACIÓN UNIVERSAL Y UNIVERSALISTA
## AL AMOR

Nos situamos otra vez en el drama del nacimiento del Estado de Israel: decíamos que en ambas comunidades ya había quien portaba el bagaje de un odio feroz... El terrorismo del Irgún es un ejemplo elocuente; su masacre ejemplarizante en la aldea de Deir Yassin ocasionó el éxodo hacia las naciones limítrofes de casi un millón de palestinos, muchos de ellos gente de paz, familias de agricultores o de pastores, a la que había sobrevenido el conflicto como un vendaval de muerte.

Antes hablábamos de la imposibilidad de rehacer el pasado, y de cómo, sin embargo, el hombre está verticalizado en una atmósfera de gracia, la vida de Dios donada, que hace posible lo imposible. El vértigo de lo sobrenatural atraviesa entonces la historia, y redime lo que no se puede rehacer. No es sólo un comenzar de nuevo, mediante el perdón mutuo, mediante la reconciliación, sino la asunción amorosa y redentora de las vidas de los que protagonizaron esos pecados mutuos, con conciencia o sin ella, incluso con culpa o sin ella, muchos arrastrados de modo casi impersonal por las fuerzas malignas que quieren modelar y clausurar la historia.

Ese pasado que no se puede rehacer nos muestra a dos colectividades humanas confrontadas —no lo olvidemos jamás: compuestas por miembros cada uno de ellos amado de Dios—, que viven la convicción de que «el otro», que como tal colectividad se quiere organizar políticamente, no tiene derecho a existir como Estado nacional. El denunciar esto ha sido una suerte de leitmotiv para muchos miembros de la sociedad israelí a lo largo de estas décadas... Miembros que, por eso, han negado al pueblo palestino esa aspiración.

Al fin, una excusa para la opresión, porque esa convicción negadora del derecho del otro a autoorganizarse de modo visible en el concierto de los pueblos libres ha sido siempre mutua. Golda Meir era categórica al respecto: públicamente afirmaba que el pueblo palestino no existía, que lo que tenía entidad era «el mundo árabe», que la región era pequeña pero que estaba rodeada de grandes extensiones pertenecientes a ese mundo árabe y que, por tanto, los que se presentaban a sí mismos como nación palestina debían marcharse con los suyos dejando al Estado de Israel todo el espacio que ahora «ocupaban»... Con franqueza descorazonadora, la señora Meir decía ante las cámaras que se lo habían pedido —que se marcharan—, pero que no habían querido...

La conformación de las naciones siempre es un proceso. Ambiguo en muchas de sus fases, y en muchos casos con coletazos que muestran que no todo ha encajado en el proceso, o que se sigue en él de algún modo, o que hay que reformular algunas cosas: pueden ser problemas de configuración territorial, encaje de minorías étnicas o nacionales diversas, interpretaciones históricas diversas o contrapuestas entre los actores o herederos de las mismas, identidades religiosas en medio de alguna preponderancia que ha modelado la cultura general...

Todas las naciones han vivido esos procesos. Algunas no tienen conciencia de ello, bien porque su propio nacionalismo ha sacralizado el hecho nacional de facto como si hubiera caído del cielo ya conformado, bien porque fue un proceso muy antiguo del que no se registran documental-mente interferencias posteriores y siempre se ha vivido como hecho incuestionable. No obstante, la mayoría de naciones sí saben —si quieren saberlo— que el nacimiento de una «conciencia nacional» definida ha sido fruto de muchos factores. Incluso de los estragos y desafueros cometidos por otros pueblos. Este es el caso en los procesos de colonización e imperialismo: pueblos sometidos que, acuciados por la opresión, por el desprecio o manipulación de sus culturas y, a la vez, sometidos durante tiempo a las particiones territoriales con que sus opresores se organizaban administrativamente, han visto nacer esa conciencia nacional precisamente al interior de tales delimitaciones territoriales, o de una parte de las mismas, o de diversas partes distinguidas como diversas por los administradores y como comunes por los administrados...

En tales procesos siempre han asomado no obstante viejas historias identitarias. O reformuladas, revividas, en clave identitaria. Muchos de estos pueblos sí han tenido antiguos referentes históricos que les hablaban de soberanías antaño perdidas y que sería preciso recuperar, aun con configuraciones territoriales ya diversas. Otros han vivido la conformación de un espíritu nacional de modo raudo, reciente, a causa de las complicidades espirituales forjadas en el camino de la resistencia cultural frente a los dominadores.

En esa resistencia cultural los pueblos redescubren conexiones, vagas políticamente o no, con el pasado histórico. Y eso alimenta a su vez los procesos.

Decir que el pueblo palestino no existe, o que el pueblo jordano no existe, es un error dañino. Posiblemente con intención manifiesta de dañar. Decir que el Estado de Israel no tiene derecho a existir, una vez establecido, consolidado y en el que han nacido ya varias generaciones, es un error dañino.

La realidad, volvemos a insistir, es que los pecados originales siempre presentes en esos procesos por los que un pueblo aspira a organizarse como Estado nacional, no pueden ser empleados como argumento para negar la legitimidad de los anhelos de libertad política. Entre otras cosas y muy fácilmente, el argumento se vuelve contra el que lo usa: aquellos a quien ha definido como sus enemigos airearán los pecados originales del acusador. Porque los hay.

En el caso dramático de Tierra Santa, la persistencia por parte de grandes sectores del pueblo palestino en seguir negando legitimidad como Estado a este Israel político y territorial, se ha alimentado no sólo del recordar crímenes originarios en el proceso —crímenes reales pero tristemente usados como excusa para justificar los propios—, sino de la también persistente negación del derecho de autodeterminación del pueblo palestino. Sin embargo y a pesar de la permanencia viva, emocional y constatable de una relación traumática entre ambos pueblos, muchos de sus miembros no sólo han podido y querido vivir la amistad con esos otros que de inmediato dejaban de ser «el otro», sino que han reconocido el derecho mutuo a existir como dos realidades nacionales expresadas en sendos Estados.

En este reconocimiento de unas situaciones que el drama de la historia, con sus amores y sus crímenes mutuos, muestra como realidades tangibles y asumibles como algo bueno, es decir, el que hay dos pueblos que aspiran legítimamente a soberanía política, que esto es posible, que se podría vivir en paz entre vecinos, no sólo por conveniencia sino incluso con el corazón pacificado por Dios, y a pesar de que uno de los dos pueblos no tiene tal soberanía y está sometido, se puede constatar que ha habido cruciales evoluciones positivas en gran parte del pueblo palestino.

En la sociedad israelí siempre ha habido quien, de modo notable, minoritario pero suficientemente grande, ha defendido la creación libre de un Estado palestino. Muchos de estos israelíes, desatado el conflicto con la fisonomía infernal acentuada con que se presenta desde octubre de 2023 y luchando contra una opinión pública siempre fluctuante y en la que aumentan quienes tragan como legítimos los crímenes perpetrados por su gobierno y su ejército, siguen no obstante defendiendo la libertad de los palestinos para configurarse como Estado nacional. Defensa que se acompaña con la denuncia de esos crímenes.

En la sociedad palestina, incluso en medio de este horror, hay muchos, muchos, que no cuestionan desde hace tiempo la existencia del Estado de Israel: sólo quieren paz de verdad, y libertad como pueblo. Es importante señalar que esta aceptación de una situación de hecho como base para negociar se introdujo en su día incluso en sectores de Hamas. Obviamente, la aceptación forzada y fatalista de una situación que se percibe como prácticamente irreversible no puede ser la respuesta definitiva al drama, porque los corazones siguen siendo alimentados por el odio. La moral militarista de esta facción palestina —en identificación absoluta con la que sostienen sus enemigos del ejército israelí—, es decir, el odio usado como arma motivadora y la inmoralidad de las acciones consecuentes, acciones sólo valoradas según su eficacia para dañar, es un obstáculo esencial... ¿Cómo justificar el lanzar cohetes sobre civiles, el apuñalar a cualquier viandante por la calle? Si se responde al mal con el mal —el horroroso e inconcebible mal criminal que ciertamente ha protagonizado de modo masivo la autoridad israelí y que hoy tiene facha de genocidio—, ¿qué cambia en los corazones, qué cambia en el mundo? ¿O es que acaso los justificadores de los crímenes son incapaces de percibir la evidencia de que los corazones necesitan ser cambiados, ser salvados, siempre, de que el mundo necesita ser purificado en la bondad de modo incesante? Sí, la incapacidad para esta percepción existe, y sólo la puede sanar precisamente el Dios al que invocan cada día.

Sin embargo y aunque hay quien va aceptando de facto la existencia del Estado de Israel a la fuerza, aun esta carencia tiene valor. Porque al ir abandonado la idea de que hay que «echarlos al mar», al ir aceptando a su vez la idea de que la negociación implica el reconocimiento progresivo del otro como interlocutor y no como mero chantajista, en la medida en que tales nociones se extienden, se crea una atmósfera que favorece el que otros corazones abandonen el odio. Obviamente existe un interés apenas disimulado, un interés negador del bien, del amor, negador, por tanto, de Dios, para que el conflicto siga, a fin de justificar la pretensión de aplastar totalmente al «otro»...

Este odio sólo se puede combatir con el amor. Esto no es una abstracción intimista sin ecos históricos, un recurso psicológico para protegerse de desasosiegos o un deseo romántico impotente —y ridículo— ante la brutalidad sangrienta de los acontecimientos. Aunque sean pocos en número, en relación a las mayorías, son muchos los hermanos que nos han mostrado que esta gracia, la de amar cuando todo incita al odio, es un don que efectivamente se concede. En el escenario histórico de esta confrontación, es ese amor previo —o recibido cuando sea— el que da otras luces: por supuesto, tal amor, tal respeto al vecino, conduce a tomar posturas que tienen visibilidad jurídica. En este caso, el derecho a existir de ambos pueblos bajo la forma de dos Estados nacionales independientes. En esto hay confluencia con muchos, pero esas «otras luces» de que hablamos introducen elementos nuevos y fuertes que a su vez tienen, pueden tener, visibilidad histórica: se quiere la solución de dos Estados, PARA que ambos pueblos sean amigos. Y se quiere esa amistad porque se reconoce un previo común a toda la humanidad, un lazo de amor universal que, precisamente, debe ser la fuerza primigenia que alimente, corrija, dirija, el lenguaje de las identidades.

Esto significa que, antes, en ese previo ontológico, se reconoce a todo ser humano como un hijo de Dios, un hermano por tanto. Este amor universal se torna universalista, es decir, determina las acciones libertadoras en función de que sean un bien para todos: el Espíritu Santo derramó ese aceite en el alma grande de Gandhi, por ejemplo; un hombre que quería liberar a India del dominio imperial británico también por el bien del alma de los dominadores… Este es el camino, por mucho que no se crea factible, o por mucho que se le haya relegado, como decíamos, al ámbito de los romanticismos de escaparate, cuando hoy se honra a Gandhi públicamente para *exorcizar* a cualquiera de su posible influjo real, cuando se reconoce su ser un «gran hombre» desde instancias capitalistas, neocoloniales, industrialistas, etnocéntricas uniformadoras y, por supuesto, militaristas. Es decir, desde el mundo dominante, desde las democracias burguesas que aseguran libertades civiles a la mayoría de sus ciudadanos — no a todos—, consagran la codicia como motor del todo y de todo, y niegan de facto tales libertades a los demás mediante su explotación devastadora, sus fronteras anti-pobres, su usura internacional y sus acciones militares.

A pesar de los desmentidos y de las manipulaciones conceptuales por los que los hacedores de paz construyen misiles, bombas de racimo o lo que sea que al fin revienta los cuerpos de muchos inocentes... a pesar de esto, este amor universal es posible. Lo saben bien los corazones. Y cuando se recibe —porque sólo se puede recibir, no fabricar desde sí—, este amor determina las posturas y las acciones.

Puede uno quedarse casi solo en esta lid. Sí. Puede ser que sus pretensiones no sean seguidas por un número suficiente de corazones como para que tengan un inmediato influjo visible en los equilibrios políticos, en la toma de decisiones, en los gestos de rebeldía con efectos... también sí. Pero el enamorado, el que sabe que Dios ha transmitido a su ser la verdad penetrante de que la justicia hacia todos debe ser motivada por amor, por misericordia, por el perdón, por la reconciliación... una vez seducido no torna atrás. Será objeto de persecución, por parte de muchos de los suyos y por parte de miembros del otro pueblo; será objeto de burlas y difamación; se intentará por todos los medios que su postura no tenga influjo alguno... quedará al fin incluso engullido por el torbellino incontenible de los acontecimientos sangrien- tos... pero este hombre, esta mujer, son realmente vicarios de Dios, son una semilla que la historia se empeña en eclipsar y de la que un día, más allá de la historia, sabremos su poder real, son una luz que puede ser acogida en esta historia presente, hasta cambiar el rumbo de miles de vidas concretas.

Dios está con ellos… y quienes matan a niños se alejan de Dios, del Dios de la Alianza, y, por tanto, se alejan de sí mismos, de su cumplimiento como personas y de su misión como miembros del pueblo de la elección. No defienden a Israel obedeciendo sin más y con conciencia a los gobiernos e instituciones de ese Estado … socavan el alma de Israel, del Israel *teológico*, y su razón de ser.

# VI
## UN RESTO EN ISRAEL FRENTE AL «EJÉRCITO MÁS MORAL DEL MUNDO» (Netanyahu)

Sí, efectivamente hay quien salva con sus actitudes y sus acciones, con su alma dolorida y sus oraciones, el honor del pueblo judío como tal. Es una minoría, un «resto» rebelde perseguido por el gobierno israelí, que si embargo representa una verdadera gloria para Israel.

La confrontación de fondo no puede ser más acusada y definitiva, pues remite a esferas divinas, a totalidades históricas, a consumaciones que se albergan en secreto en los deseos de paz y de amor con que Dios ha conformado el corazón de todos los que peregrinan en el tiempo. Algunos reconocen siempre este ser de su propio corazón, muchos lo anhelan de un modo u otro cuando contemplan cómo se pierden esa paz, cómo se extiende el odio. Otros muchos ignoran su propio ser, fabrican sucedáneos que siempre reclaman sangre, y son capaces de sellar la pretensión con el bendito nombre de Dios.

Decimos que la confrontación es total: la sorprendente afirmación realizada por el jefe de gobierno israelí en el contexto de la limpieza étnica letal emprendida en Gaza y las interminables agresiones contra inocentes en Cisjordania, la declaración de que estábamos presenciando las acciones del «ejército más moral del mundo», no es sólo lo que parece, un desatino movido por un orgullo sin límites. Es más, implica muchas más cosas de las que se desearía hablar, porque tiene relación con la universal moral militarista sin más, una moral que o bien se practica habitualmente —de modo manifiesto u oculto— o bien está siempre a mano para usarla cuando los conflictos se desatan. Es una exigencia de la amoralidad pragmatista con que se planifican los desarrollos de tales conflictos o con que se va respondiendo a los retos que se suceden en su transcurso, y siempre se expresa mediante actos inmorales, criminales.

La moral militarista tiene un único eje, una única referencia: lo que funciona en aras de vencer. Esta moral tiene un medio para conseguir tal objetivo: la obediencia formalista y funcional, una obediencia cuya legitimidad no brota de alguna referencia al bien, sino del «conducto reglamentario»: que se haga lo que se ha ordenado que se haga. La referencia al «bien» no puede interferir en esto, para la maquinaria sería una traición cotejar lo ordenado con un bien anterior que debe vertebrar y regir toda acción humana. Una traición porque no sólo cuestiona en sí la «cadena de mando» como referencia única en el proceder, sino que puede retrasar o modificar lo ordenado, además —y esto es lo crucial— de que puede abrir una brecha moral por la que alguien viva como obligación espontánea el contrastar y decidir, el llegar a no cumplir lo ordenado. Y esto no se puede permitir de ningún modo, nunca: si alguien siente esa necesidad moral, quiere acudir a la noción de «bien» para tranquilizar su conciencia, que sepa que eso ya está dirimido desde el principio, que pertenece al bando de ese bien, que lo que haga, por eso, está bien, que los otros representan, siempre, el mal, que se sienta orgulloso porque es miembro del «ejército más moral del mundo»…

En el desarrollo de este conflicto histórico que no ha cesado desde hace décadas y que desde octubre de 2023 presenta una dimensión nueva, contemplamos los actos de este ejército «moral» y vemos que el número de acciones crueles específicas, particularizadas en momentos concretos, solapadas a la destrucción genocida generalizada realizada con los grandes medios técnicos de devastación, es tan elevado, tan sistemático y continuado, que hace pensar, o bien en una planificación orquestada de esas acciones —cada una un crimen contra inocentes a sabiendas de que son inocentes—, a fin de humillar a fondo, castigar y desesperanzar al pueblo palestino como tal, o bien que, desde ese mismo espíritu, se haya dado «carta blanca» a los soldados para que hagan lo que quieran una vez debidamente motivados en su odio y con garantías de absoluta impunidad.

Es este ambiente y el que gran parte de la sociedad israelí (que sí accede a través de las redes a lo que ocurre realmente) apoye explícitamente todo este horror como justa repuesta, lo que da un valor específico a las actitudes de los israelíes que se niegan a participar en el crimen. Porque no hablamos sólo de judíos que fuera de Israel han declarado su oposición; y tampoco nos referimos solamente a los jóvenes judíos que en diversos países del mundo participan en las protestas y lo hacen con el inequívoco lema de «judíos contra el genocidio del pueblo palestino»: muchos de ellos han sufrido de violencia policial en los desmantelamientos de los improvisados campamentos universitarios… Hablamos fundamentalmente de judíos que han sido, en tierra del Estado de Israel, apaleados por la policía, detenidos, humillados, por protestar contra las acciones de su ejército; hablamos de rabinos que en esa misma tierra declaran con autoridad religiosa que lo que se está haciendo, lo que se ha hecho siempre y ahora se ha extendido sin límites, es un crimen, un pecado, una ofensa al Dios de Israel. Y hablamos, sobre todo y con especial énfasis, como «resto en Israel», como «gloria de Israel», de los chicos encarcelados y tratados como traidores, insultados y humillados públicamente, por negarse a acudir a las filas de ese ejército. Alguno, antes de su detención y rodeado de su familia, declaraba con una sencillez absolutamente subversiva, enamoradamente subversiva, que se negaba a participar en un genocidio… Y lo declaraba sin violencia, sabiendo lo que iban a hacer con él…

Los medios de comunicación del resto del mundo no han prestado mucha atención a estos gestos. Los tratan como curiosidad pasajera, cuando, en verdad, son gestos, actitudes, que «salvan al mundo» de cerrarse definitivamente en sus dinamismos de muerte y corrupción. Son dones de Dios, soplos desconcertantes del Espíritu.

Ciertamente son gestos de una minoría (creo que a la hora de redactar este escrito son menos de doscientos los jóvenes que en Israel han dado ese paso), pero la carga de verdad, de amor, de sacrificio, de esperanza que expresan, bien valen el que se les diera una atención especial. Porque tales gestos son como una Buena Nueva que muchos corazones ansían recibir. Recuerdo al respecto una noticia de hace unos años absolutamente olvidada, otra curiosidad pasajera, que, sin embargo, ha quedado en mi alma prendida para siempre: hablaba de pilotos militares israelíes también encarcelados por negarse a bombardear a civiles…

Siempre ha habido escasez de objetores de conciencia reales. Siempre han sido escasos incluso los objetores de conciencia selectivos, es decir, aquellos que, sin cuestionar interiormente, de forma más o menos elaborada, una institución como tal o un posicionamiento general ante una situación histórica, sin embargo se han negado a participar en tal o cual acción concreta por su carácter inmoral, por atentar contra inocentes, por su carácter sanguinario y cruel incluso si las víctimas no eran inocentes...

Es verdad, siempre han sido una minoría: pero esa minoría llevaba más que razón. Cuando el mundo se construye, como es habitual, a espaldas de la verdad que portan y significan esas minorías aplastadas, el resultado es la muerte de millones de inocentes. Los pocos soldados que la historia de la humanidad nos muestra fusilados por negarse a fusilar, son la verdad. Más allá todavía: un hombre santo, Franz Jägerstäter, campesino austriaco decapitado por los nazis por negarse a ir a filas, no sólo porque el ejército era «el ejército de Hitler» sino porque rechazaba la opción de matar a quien fuera... este hombre es la verdad. Y cualquier ciudadano israelí, o palestino, que se niega a matar a inocentes, está en la verdad, es la verdad.

Estamos pues ante algo sobrenatural. El propio deseo de que en este conflicto brote en el corazón de soldados concretos ese amor, esa verdad, ya nos sitúa en los terrenos sobrenaturales que al fin dirimirán la historia porque afectan a la historia personal de cada cual. De todos. La esperanza de que esos brotes se manifiesten es una esperanza teologal, imposible de producir por el hombre, pero que se ofrece al hombre de modo constatable: si son reales esas objeciones, esos encarcelamientos, si son reales las humillaciones padecidas, el cargar sobre sí toda la responsabilidad de un acto de rebeldía que habla de los fines últimos porque habla de respetar la vida, la dignidad, el derecho de los otros... si esto lo hemos podido ver, es que «el Reino de Dios ha llegado a vosotros».

La historia atormentada de este conflicto ha mostrado estas realidades celestes. Cuando Lapierre y Collins investigaban para su libro *Oh, Jerusalén*, encontraron numerosos testimonios de personas de ambos pueblos que en el fragor del conflicto ya desatado, cuando las emociones desbocadas parecen dominarlo todo, cuando la cadena y escalada de venganzas mutuas ante agravios mutuos es imparable... defendieron a gentes del otro pueblo, los escondieron, los protegieron incluso con sus cuerpos... Años después se repiten gestos de la misma naturaleza. Sí, hasta llegar a la donación de órganos que alguna familia palestina ofreció para salvar a algún enfermo israelí: órganos disponibles a causa de la muerte violenta de su familiar a manos del ejército de Israel... Dios dona a los corazones humanos unas gracias que el mundo no puede entender: la monja benedictina Joan Chittister, en un libro titulado *La tienda de Abraham* en el que se plasmaba una especie de diálogo espiritual entre ella como cristiana, un rabino y un musulmán, narraba cómo un grupo religioso judío denominado «Rabinos por los derechos humanos» reconstruía una y otra vez la casa de una familia palestina derribada por las autoridades israelíes también una y otra vez...

Estos gestos de amor, el saber el propio corazón dolorido por la injusticia cometida contra otros, el sufrimiento por los inocentes... Cuando estos gestos están encarnados en almas judías se nos muestra el resto de Israel fiel a Dios. Y ese resto es gloria del Pueblo Judío, gloria en sentido teológico, porque en sus corazones se trasluce la bondad de Dios hacia todos los que Él ha creado, porque en ellos se hace carne también el canto del Siervo de Yahvé cuando cargan con los pecados del pueblo, aplastados por quienes se titulan jefes en Israel…

Dios es su valedor. También de los judíos no creyentes que asienten al movimiento de su corazón en favor de los oprimidos, en favor de los palestinos asesinados, mutilados, aprisionados. Este resto es una semilla de reconciliación: los palestinos musulmanes y cristianos que han recibido la gracia de conocer a un Dios que se ha revelado como Misericordia pueden encontrar un eco a sus sufrimientos, a sus deseos de paz, de justicia, de libertad… de amor universal, en esas almas judías.

Estos son los abrazos que salvan al mundo. Ciertamente los dinamismos de autodestrucción en el mundo son poderosos, pueden envolver de tal modo que la propia historia de los hombres se precipite por caminos infernales. Parece entonces que las minorías verdaderamente abrahámicas y quienes se dejan hacer por la gracia en el contexto providencial en el que estén, no muestran vigor suficiente como para reconducir la historia…

No siempre es así: hay momentos en esta historia en que los impulsos de determinados corazones sí han logrado el que se estableciera una paz, que se restituyera, que se corrigieran desafueros enraizados… Cada una de estas luces han servido a otros para seguir caminando; porque este caminar con peligros continuos a derecha e izquierda no cesará hasta el fin de los tiempos: todas las generaciones, cada persona en cada una de estas generaciones va a representar en su vida, precisamente el periplo vital del pueblo de Israel: liberación, desierto, pruebas, situaciones sin salida, confianza… gracia, vivir de la gracia, saberse humildemente dependiente del amor cierto de Dios…

Esto significa que el mal, la traición, la infidelidad, van a estar presentes hasta el fin. Con visibilidad estruendosa y sangrienta en el mundo. Los abrazos que salvan el mundo, las vidas rescatadas que salvan el mundo, los sufrimientos compartidos que salvan el mundo, representan así un doble dinamismo matrimoniado entre sí: son a la vez una seña, un estímulo para que otros caminen por esa senda de modo real y posible por comunicación de gracia, y es una salvación en referencia a los destinos últimos del mundo, cuando en el momento de las consumaciones totales los enamorados —muchos de ellos martirizados por sus hermanos— quieran interceder por los criminales, por los verdugos.

A nosotros nos queda ahora el combate en la historia, el recoger esas luces, y obstinadamente predicar que es ése el camino, que la verdad está en los que aman, en los inocentes que sufren, que el crimen masivo organizado bajo el nombre de Israel, un crimen que clama al cielo, no sólo destruye las vidas y las esperanzas de otros, sino que destruye el alma judía. Pueden recitar las oraciones que quieran, pueden exhibir todos los símbolos religiosos que quieran, pueden nombrar a Dios todas las veces que quieran... Lo repetimos otra vez: quien mata a un solo niño escudado en su religiosidad, mata a su propia alma, ensucia su religión, compromete la dignidad de sus propios hijos, se hace culpable de las aberraciones que heredarán.

Queda el perdón de Dios, tan cierto como su amor por todos. Y la restitución: que los soldados deserten, que los hijos de Israel se vuelquen en la denuncia a sus autoridades, que se interpongan entre los fanáticos y sus víctimas, que compartan sus alimentos, sus medicinas en los modos que la imaginación de la caridad les pueda suscitar, que hagan llegar a los oídos y las almas de las madres ensangrentadas con los cuerpos destrozados de sus hijos una súplica de perdón, que recen públicamente pidiendo a Dios perdón por los pecados de los hijos de su pueblo, que los obreros se nieguen a trabajar en las fábricas de armas, que haya huelgas en protesta por los desafueros genocidas... Que los artistas plasmen su dolor y su repulsa, su respeto a un pueblo que se quiere destruir mediante sus canciones, sus poemas, sus escritos, sus cuadros... Que, por el amor de Dios, llegue a oídos de los hijos de Abraham que hoy sufren este plan de exterminio, que hay hermanos suyos, miembros del Pueblo de Moisés y los profetas, de Isa, de Miriam, que sufren con ellos y por ellos.

# VII
## LA IMPUNIDAD,
## EL CONSENTIMIENTO INTERNACIONAL,
## «PECADO DEL MUNDO»

Ciertamente este consentimiento del crimen por parte de tantas naciones, no sólo de las que apoyan positivamente al gobierno de Israel en la matanza, sino de no pocas de las que protestan y a la vez impiden cualquier acción económica, política y diplomática que pueda alterar el enorme poder ostentado por ese Estado... tiene un significado moral y espiritual de gran calado.

Hablamos, obviamente, de la omnipresencia mundana de Maquiavelo. Ensalzado por pensadores burgueses liberales como profeta de la emancipación de la política, sus propuestas no podían ser y no pueden ser más repugnantes. No era emancipar la acción política de tutelas de otros poderes como el clerical, poder mundano. O, tras identificar desde alguna referencia ética a la moral dominante como nociva, es decir, acudiendo a las ineludibles nociones de bien y de mal, el declarar tal moral rectora como algo maligno... No era ni es eso, sino el *emancipar* a la política de facto, al poder, de referencias al bien. Por obstaculizar sus dinamismos. Triste supuesta liberación que legitima líricamente todas las bellaquerías cometidas por el poder político en función de su eficacia para sobrevivir y consolidarse.

El maquiavelismo, identificado justamente con la perversidad, con lo tortuoso, con la traición, la mentira… Identificado así a pesar de los intentos de aquellos pensadores que, como los que de modo imbécil ensalzan a Sade (suelen ser los mismos), piensan destacar por transgresores, irreverentes, etc. Títulos codiciados en determinados ámbitos del mundo de la posmodernidad… Hombre… irreverentes sí —y hay que tener fe en la infalibilidad del propio ombligo para burlarse de lo sagrado en lugar de respetar, aunque no se crea en ello—… pero ¿transgresores? Un chiste: su actitud es vieja como el mundo, es borreguil, repetida, aburrida; tanto como la de los sumisos acríticos con las morales costumbristas ambientales.

Esta «no bondad» y «no novedad», antítesis de la Buena Nueva, está vigente en el mundo del poder político. La doble vara de medir se hace presente de un modo tan indisimulado, tan vergonzoso, que puede descorazonar.

Una doble vara de medir practicada habitualmente incluso para tapar genocidios, cuya calificación como tales queda reservada para las acciones de algunos *villanos universales* (los fascistas vencidos, las dictaduras militares, los tiranos del llamado Tercer Mundo, los regímenes integristas etc), así como para los que a priori son contendientes en el juego de los poderes y los cálculos estratégicos y se acusan mutuamente. Es decir, la verdad absolutamente concreta de las matanzas masivas, cuya esencia es la muerte violenta —o por negación de ayuda vital— de cada uno, de cada una de esas personas que luego van a ser resumidas en una gran cifra si a alguien le mueve el denunciar lo acontecido... esa verdad es negada en su valor fundamental. Las muertes así sólo tendrían valor, sólo se harían merecedoras de repulsas e investigaciones, según el significado político que se dé las mismas. Las impunidades de este género revelan «el pecado del mundo». Los genocidios, las matanzas masivas de inocentes, se relativizan, se niegan como tales, e incluso se ignoran. Ya hemos hecho alusión a los grandes crímenes de «los aliados» durante la Segunda Guerra Mundial: si alguien quiere recibir información sobre el tipo de atentados históricos contra la vida de los pueblos que se pueden englobar en el término «genocidio» o similar, es fácil que encuentre un sinfín de artículos expuestos en internet. En la mayoría de tales artículos tendrá información de atrocidades cometidas contra civiles y protagonizadas por un sinfín de actores; a Stalin, a pesar de pertenecer a «los aliados», se le incluye: los acontecimientos revisionistas en la propia URSS y el clima de la guerra fría lo hicieron posible... Pero en tales publicaciones, sorprendentemente, no se incluye en la categoría lo sucedido en Hiroshima o Nagasaki, en las ciudades atestadas de civiles y refugiados que en Japón y sobre todo en Europa fueron achicharradas literalmente, en las deportaciones étnicas en las que murieron unos dos millones de personas, en los crímenes coloniales de última hora...

Es imposible citar aquí, sólo citar, los genocidios y matanzas masivas acontecidos en el mundo desde, digamos, el inicio del siglo XX. El listado daría para un libro. Si ahora explicitamos como ejemplo alguno de estos crímenes es para hacer ver que las actitudes actuales respecto a lo que está ejecutando el gobierno israelí, también son viejas como el mundo.

El genocidio anglo-estadounidense contra la población filipina, que es uno de los que inaugura ese siglo, ha quedado sepultado en la historia desde el principio. El practicado por el colonialismo alemán con el pueblo herero en Namibia no ha interesado prácticamente nunca a nadie a pesar de que es uno de los pocos casos en que se conserva la documentación escrita en que se plasman las órdenes explícitas de exterminio; el genocidio armenio sigue siendo negado por la extensa cultura nacionalista turca, y la respuesta genocida contra turcos y kurdos realizada por el imperio ruso es ignorada por todos; al general Suharto, en Indonesia y en el clima de la guerra fría, se le *tapó* el genocidio cometido para aplastar a los comunistas de allí… Más tarde, inmerso este país en relaciones comerciales y estratégicas con el occidente de las democracias burguesas —con inclusión de venta de armamento—, también se ninguneó, se pasó de puntillas por el genocidio cometido contra los habitantes de Timor Oriental y, por supuesto, con el cometido contra los papúes… El genocidio de Camboya cometido por los khmeres rojos fue consentido mediante el ocultamiento, fue relativizado, blanqueado durante un tiempo, porque esta facción era aliada de China, y China había roto con la URSS y se acercaba a occidente. De las brutalidades cometidas contra los pobladores de los diversos sectores del Kurdistán nadie quiere oír hablar, aunque en algunas de las fases de este conflicto ha asomado el rostro del genocidio… Tras el genocidio cometido en 1994 contra la población tutsi y parte de la población hutu en Ruanda, genocidio que contó con apoyos logísticos venidos de parte del gobierno francés, hubo otro genocidio ignorado en el que fuerzas tutsis masacraron a multitudes de origen hutu refugiadas en el Congo: estas fuerzas contaron con apoyo logístico estadounidense… Silencio, pues.

No hay por qué seguir con los ejemplos: Maquiavelo dicta que si tienes afinidad ideológica con el gobierno de Israel en el concierto de las actuales grandes confrontaciones ideológicas al interior de las democracias burguesas de capitalismo desarrollado, y sobre todo, si quieres mantener una relación mundanamente ventajosa de tipo económico y estratégico, si quieres que ciertos opositores al Estado de Israel o a alguno de sus gobiernos se eclipse, pierda fuerza… entonces las brutales matanzas de Gaza no son tales. Serían una defensa legítima, proporcionada, incluso humanitaria. Así lo declaraba públicamente el antiguo primer ministro británico Sunak cuando, delante de las cámaras y dirigiéndose a Netanyahu le decía que su ejército respetaba a los civiles, no como los otros. El rostro del propio Netanyahu cuando oía el halago adulatorio del británico, aquellos ojos fijos y fríos clavados en su interlocutor, como si no creyera lo que acababa de oír, el silencio consiguiente… eran bastante elocuentes…

En fin, hablamos del «pecado del mundo» en sentido teológico estricto: esa atmósfera de disvalores que combate al alma de las gentes haciéndolas respirar con supuesta normalidad el espíritu de dominio, la codicia, la vanidad, la traición a la palabra dada, la infidelidad interesada, los cálculos fríos que niegan la confianza en Dios… y todo lo demás que hace que el otro no se perciba como prójimo, como hermano, siempre, de modo anterior a las valoraciones de su conducta; todo lo que impide el que sea real el amor incondicional, con el que Dios nos ama, el amor que Él nos dona para poder amar así, para querer amar así. Todo lo que deja paso libre a la crueldad, disimulada o no, incluso expuesta como medio para vencer mediante la difusión de terror y la desmoralización de aquellos a los que se quiere someter, expulsar, exterminar. Una crueldad que asume en sus cálculos el daño deliberado cometido contra bebés, niños, heridos, ancianos.

Todo esto a día de hoy está consentido por sociedades, facciones de sociedades, gobiernos, partidos políticos, asociaciones, que pertenecen al mundo de las democracias burguesas. En España, por ejemplo, tras descubrirse el hecho hipócrita e inmoral de la existencia de contratos comerciales oficiales con el gobierno de Israel relativos a la «industria armamentística», eufemismo que encubre un mundo de frialdades económicas letales y mutiladoras, los conservadores no sólo no exigieron que se rescindieran tales contratos, no sólo no pidieron un boicot económico en otras áreas para dificultar el desarrollo de la matanza y para testimoniar una no complicidad con la misma… sino que acudieron a nociones como los «compromisos contraídos», la «seguridad jurídica» en la economía y similares. Esto ya no es sólo el clásico mirar a otro lado para no importunar lo que parece es más importante que la vida de los niños, sino el consentir explícitamente.

Estos mismos silenciadores, consentidores y cómplices necesarios usan ampliamente de la doble vara de medir para enjuiciar hechos similares a los protagonizados por el gobierno de Israel. Como, por ejemplo, los ataques de Hamas de octubre de 2023. O las acciones armadas de los hutíes del Yemen. O los ataques de cualquiera, las represiones violentas de cualquiera, sea el gobierno ruso, el venezolano, el nicaragüense, el iraní, el talibán… cualquiera que no entre en la categoría de «los aliados» de cada momento histórico. Porque entrar en tal categoría, incluso si el día anterior se era «un terrorista», como aquella «Alianza del Norte» de

Afganistán… concede de inmediato una patente de corso. Literal: se puede hacer todo, todo, porque se está sirviendo o defendiendo a las democracias occidentalistas desarrolladas en su potencia económica… Si alguien quisiera hacer el recuento de víctimas civiles que desde el fin de la Segunda Guerra Mundial hasta hoy ha provocado tal patente de corso otorgado a sí mismas por las democracias burguesas de capitalismo desarrollado —hasta la fecha con absoluta impunidad histórica—, y corroborado por la inacción deliberada de la llamada justicia penal internacional… parece que Stalin podría ser rebajado a la categoría de aprendiz.

Una muestra de lo determinante que puede ser esa doble vara de medir tiene relación precisamente con una de las graves dimensiones del drama que nos ocupa: la libertad de los pueblos. Las proclamaciones sobre el derecho a existir, a ser reconocidos, no sólo chocan con la objetiva complejidad de muchas de estas situaciones, en las que hay interpretaciones confrontadas al interior, experiencias identitarias diversas, lecturas históricas inevitablemente parciales o recibidas desde moldes reinterpretadores excluyentes entre sí… Estos dilemas forman parte de los entresijos de tales problemas y son ineludibles. La tragedia de que aquí hablamos, la doble vara, es que otros pueblos, otros Estados nacionales, usen esas variables, las manipulen, para tomar partido y practicar injerencias… por motivos que nada tienen que ver con un espíritu de solidaridad con tal o cual pueblo oprimido, sino por intereses egoístas. Y en correlación con ese egoísmo las injerencias utilizan de medios ilegítimos para intervenir y hacer que la balanza se incline, no en favor de una liberación del prójimo, sino según los propios cálculos, económicos, estratégicos.

Muchos pueblos han sido invadidos en la historia reciente. Muchos han sido agredidos de modos brutales. A muchos se les niega soberanía, a pesar de ser reconocidos por la generalidad como tales pueblos con derecho de autodeterminación... Pero eso no moviliza a nadie. Nadie se ha movilizado realmente salvo por uno de esos pueblos: Kuwait. Es decir, control estratégico del petróleo. Nada más. Así, en nombre de la libertad de los pueblos —una mentira estruendosa—, una coalición de democracias burguesas y de dictaduras como la siria o la saudí, se lanzaron a la aventura de la «liberación». Además de aplastar en aquel momento las ambiciones criminales del dictador de Irak, esta coalición mató en poco mas de cuarenta días a una cifra de civiles de la que todavía algunos marginados discuten si lo fue entre cuarenta mil y doscientas mil personas. Además, se destruyó a gran parte del ejército iraquí cuando, en una fila de muchos kilómetros, en una carretera, sin protección, emprendía una retirada pactada: aquel ataque traicionero costó la vida de miles de soldados que habían sido a su vez reclutados a la fuerza y bajo amenaza de pena de muerte por el régimen iraquí.

La doble vara, por su inmoralidad, usa de medios inmorales. Es decir, lo que queremos resaltar aquí es la inmoralidad de las genéricas actitudes internacionales respecto a la destrucción descarada de Gaza y los crímenes —solapados por el horror de la franja— que se cometen sistemáticamente en Cisjordania. Afirmar que es un pecado, un atentado a la verdad, no sólo el consentimiento explícito y la complicidad con el crimen, sino el mirar a otro lado, el silencio, el no traducir en hechos elocuentes las condenas que algunos hacen y los reconocimientos oficiales del derecho a vivir del pueblo palestino. La doble vara en los juicios hace que no haya coalición alguna para liberar Palestina. Como no la ha habido para el Tíbet, el Sáhara occidental, el Kurdestán u otros lugares que padecen o han padecido agresiones armadas y conquistas violentas.

Evidentemente, no es cuestión de reivindicar un género de intervención que calque lo que hizo aquella coalición de 1990-1991. Porque la respuesta en aquel entonces supuso la muerte de un sinfín de inocentes... Tampoco era de extrañar: a tal fin (controlar el petróleo), tales medios.

Lo que sí se puede reivindicar, en nombre de la verdad, del amor debido a cualquier persona y más a las personas inocentes inmersas en conflictos provocados por otros, es que quienes afirman públicamente que lo que acontece es criminal expresen conjuntamente su repulsa con hechos obstaculizadores de las matanzas...

El abanico de respuestas morales, que por esta condición saben de riesgos propios y los asumen, es amplio: rupturas de relaciones diplomáticas; bloqueos financieros al Estado de Israel, a empresas privilegiadas, a particulares del rango que sea si son identificados como partícipes en el crimen; suspensión de relaciones comerciales, empezando por todo lo que tenga que ver con la industria de guerra y con la logística de la guerra, siguiendo con lo demás, y salvaguardando de la medida lo que se relacione con lo humanitario básico; documentar, actuando de oficio, los crímenes, personalizando y nombrando a las víctimas; organizar acciones clandestinas no violentas para ayudar a la población privada de medicinas, alimentos y agua; organizar asimismo evacuaciones clandestinas de heridos y enfermos; colaborar de modo real y convincente, con garantías de continuidad, con las naciones limítrofes para que puedan acoger a refugiados y puedan participar en las acciones clandestinas de ayuda; incitar a la deserción y ofrecer de modo clandestino vías para que los soldados que se nieguen a seguir colaborando en las matanzas puedan ser ayudados y protegidos; movilizar a nivel internacional a personas pertenecientes al pueblo judío que condenan las acciones del Estado de Israel y dotar de amplificación oficial y mediática sus intervenciones y opiniones; insistir en la mediación, ofrecerse continuamente como enlace para negociar, y favorecer la llamada «diplomacia popular», por la que se propicien diversos e incesantes contactos pacíficos entre asociaciones, entidades religiosas, personas, de Israel y Palestina, entre judíos y musulmanes y cristianos… Contactos que, si bien se refieren generalmente a personas que no tienen poder de decisión respecto al conflicto, si pueden y deben ser semillas de reconciliación, pueden condicionar el futuro de modo diverso al fatalismo y al fanatismo con que hoy se configura, pueden contribuir al cambio de corazones concretos y esto, a su vez, puede influir en la marcha de la política…

Hablamos del «pecado del mundo». Aquel impresionante y subversivo «no será así entre vosotros», venido de la boca de Jesucristo, no parece querer ser interiorizado por casi nadie. El mandato, mandato liberador que va produciendo lo que dice en el espíritu de los hombres, hacía referencia explícita a lo que hacen «los grandes de la tierra», «los jefes de los pueblos». Y lo trasladaba a todos, a las actitudes de todos para con todos… porque el pecado del mundo también se revela al interior de las clases explotadas y de los mundos marginales en el dominio que algunos o muchos ejercen sobre otros, en las dobles varas de medir dictadas por intereses que abolen la primacía espiritual del respeto sagrado por cada persona.

Aquella advertencia hablaba de opresión, y de pretender el que los otros fueran servidores, instrumentos en vez de personas inviolables y llamadas a ser amadas en sí. Una instrumentalización que conduce a cosificaciones totales, hasta poder y querer calcular la muerte de los otros como elemento integrante de frías ecuaciones de poder, o de ecuaciones calientes de fanatismo y odio. La advertencia de Jesucristo hablaba de dominio en vez de cooperación, es decir, hablaba del primer efecto de ese «pecado original» que cualquiera percibe cuando vive antagonismos en su interior y ve que tales antagonismos evidencian la presencia del mal, un mal que modela las relaciones sociales.

Aquellas palabras fueron y son dirigidas de modo inmediato a quienes nos calificamos como discípulos de Jesucristo. Pero su universalismo real no está condicionado a la visibilidad del cuerpo histórico que conforman los «discípulos»… hay quien *echa demonios* en nombre de Jesús y «no es de los nuestros». Porque este cuerpo con presencia sensible en la historia es un cuerpo sacerdotal, misteriosamente mediador, que suscita un eco sobrenatural, una comunicación mutua de gracia por la que la verdad de esas palabras de Jesucristo y la fuerza para creer en ellas y para dejarse disponer a su cumplimiento alcanza a todo el que tenga un corazón receptivo, esté en la situación vital en que esté. Una situación siempre providencial, siempre *providencializada* por Dios. Y esto tanto más cuanto que las tradiciones religiosas judía e islámica —protagonistas primeros en este drama— contienen por obra del Espíritu Santo, por Dios mismo, ese mensaje espiritual: el servicio, el amor, la preferencia por los últimos, el carácter sagrado de cada persona, creada por Dios, amada de Dios.

«No será así entre vosotros». No se puede mirar a otro lado ante una limpieza étnica que, además, se quiere justificar públicamente por motivos éticos y religiosos. O por un pragmatismo absolutamente sordo y frío ante los lamentos de las víctimas. No se puede oprimir ni consentir la opresión; no se puede usar un doble lenguaje ni usar una doble vara moral ante hechos que de modo manifiesto constituyen un mal, un mal sangriento, devastador. No se puede concebir a las personas como si no existiera el «cada uno». No pueden ser rebajadas a variable para la consecución de los intereses mundanos de otras personas… una variable disponible que permitiría incluso la supresión física de algunos, de muchos o de multitudes de entre los tales «cada uno».

No poder consentir en nuestro interior con todo esto, conformar nuestro ser con esas palabras —«no será así»—, conduce a tomar postura ante los dramas históricos, ante las situaciones concretas. Los pronunciamientos políticos de parte de quien detenta autoridad, incluso cuando objetivamente se corresponden con la justicia, pueden ser motivados por cálculos ajenos a la interiorización espiritual de la justicia, de la verdad. Pueden ser por eso mismo un fruto más de la doble vara, de las contingencias interesadas por las que lo que hoy se denuncia mañana se ampara o se consiente.

Nadie puede escapar de la llamada a interiorizar, a reconocer como verdad rectora, cueste lo que cueste, la llamada universal contenida en aquellas palabras. En el drama que nos ocupa aquí esto significaría una toma de postura política que, entonces, no sólo conduciría a las acciones que hemos señalado antes u otras movidas por el mismo espíritu, sino que de modo sorpresivo se preocuparía por hacer aflorar a las conciencias y al mundo la tragedia de las guerras olvidadas, de los millones de refugiados, la verdad repugnante de la industria de guerra, de su marketing publicitario, de sus ensayos, sus laboratorios, sus proyectos... y del tráfico de armas, el legal, el ilegal planificado legalmente, el ilegal como recurso de parte de instancias legales, y el ilegal-ilegal...

Claro, hablamos de la configuración de otro mundo, de la lucha orante y no violenta por tal configuración. Del no-cálculo en tal combate, es decir, fuera de mesianismos mundanos, el dejarlo todo en manos de Dios. Hablamos de las justificaciones últimas de las vidas, de cada vida. Y esta es la cuestión.

# VIII
## NETANYAHU ANTISEMITA: LA JUDAIDAD COMO GARANTE DE LOS DERECHOS DEL PUEBLO PALESTINO

Netanyahu, sus seguidores y aplaudidores, lo que él representa, sus aliados venidos de las filas del fundamentalismo religioso y racista... todos ellos son antisemitas. Especialmente quienes de entre ellos, en el Estado de Israel y en el mundo, pertenecen al pueblo judío. Porque son enemigos de la judaidad.

Es decir, Netanyahu no es antisemita porque con su actitud y sus acciones —de las que el Dios de Israel llama a llorar, arrepentirse hasta desgarrar las honduras y reparar—, suscite reacciones antijudías. No. Tales reacciones se deben siempre a un previo antisemitismo, manifiesto o latente, que se ve reforzado por las injusticias y brutalidades cometidas por el Estado de Israel. Como tal racismo —sea biologista, cultural, político o teológico en sus raíces—, como tal odio a personas concretas debido a su origen, y odio totalizador respecto a una comunidad entera, es asimismo hipócrita, sometido a esa doble vara de que hablábamos.

Según se nos ha revelado como verdad que contradice saludablemente los impulsos de nuestra sensibilidad, no empapada absolutamente de los dinamismos del Espíritu, el odio a cualquiera, a un culpable, a un enemigo… es un mal que Dios no quiere. Él «hace salir el sol sobre buenos y malos», «no quiere la muerte del pecador, sino que se convierta y viva»… Si esto es así respecto a quien daña a los otros, cuánto más es ajeno a la voluntad amorosa de Dios el odio a alguien a causa de su pertenencia étnica, nacional o de su identidad religiosa.

El antisemitismo que se siente justificado porque Israel —el Estado— hace «lo que hace el mundo», vive de la absoluta inmoralidad que supone el totalizar moralmente de modo condenatorio y despreciativo a las personas que conforman una colectividad identificable como tal. La clave identificatoria puede ser racial, o nacional, o cultural, o religiosa. A veces es pasajera, se diluye de algún modo porque se debe a una crisis concreta, una guerra… pero deja dañado el corazón de muchos, vive de modo latente esperando una nueva crisis para manifestarse a veces con una virulencia multiplicada. Es el famoso grito acusatorio: «los»… «los rusos», «los serbios», «los moros», «los negros», «los musulmanes», «los gitanos»… «los judíos»… «los quien-sea» que impulsa a agredir a cualquier miembro de grupo señalado, a destrozar la tienda que regenta desde hace muchos años… porque el gobierno de la nacionalidad que el tendero representa ha hecho o dicho tal cosa…

En este año 2025 en el que escribo esta reflexión veo de modo casual algún ejemplo de esta actitud: recogida de firmas para cerrar una «iglesia rusa» en Barcelona… Y en referencia concreta al antisemitismo hemos podido ver esas reacciones antijudías totalizantes multiplicarse precisamente en el contexto de la brutal escalada en la guerra entre Israel y Palestina después de octubre de 2023. Efectivamente, nada más comenzar la terrible respuesta del gobierno de Israel a aquellos ataques, se produjeron en diversos lugares del mundo agresiones indiscriminada a comunidades judías y a ciudadanos israelíes... El asalto e incendio de un centro judío local en Kabardinos-Balkaria, el intento de asalto a un avión civil lleno de pasajeros israelíes en el aeropuerto de la capital de Daguestán...

El antisemitismo, además, tiene un tinte específico, un sabor teológico en el que aquí no vamos adentrarnos. Es una cuestión central para la historia sobrenatural de la Iglesia y desde Ella para la historia del mundo, del que pude tratar de modo extenso en un trabajo publicado hace años —y que creo sigue de actualidad— y que titulé *El juramento de Dios. El misterio de Israel y el antisemitismo*. Lo que ahora nos interesa resaltar es que nuestra calificación de Netanyahu como antisemita no se debe a que sus hechos y palabras alimenten como reacción esas actitudes antijudías de que hablamos, o que las susciten en corazones que ya estaban preparados para ello, sino porque niegan el ser de Israel, lo contradicen radicalmente. Insistimos, no del Estado, que, como tal, tiene todas las ambivalencias de cualquier Estado, se puede entregar al bien o al mal, o compaginar ambos, o alternarlos... Maquiavelismo que puede conducir a justificar masacres en nombre de la liberación de unos prisioneros, a matarlos a causa de tales acciones, a desear que sean muertos para seguir justificando la persistencia de las acciones criminales... Un maquiavelismo que incluso usa de las agresiones antijudías —incluida la máxima y abismal agresión, la Shoah— para justificar cualquiera de las acciones criminales que a lo largo de la historia han cometido y cometen los gobiernos de Israel.

Realmente este uso ilegítimo del odio antisemita es atroz. Es, además, un verdadero insulto hacia las víctimas del Holocausto. Obviamente, entre ellas, se manifiesta toda la gama de actitudes que puede albergar un corazón humano que ha sufrido hasta el extremo la fuerza de un odio desatado como un huracán... Nosotros nos podemos fijar y nos fijamos como razón absoluta que condena el uso del Holocausto para justificar cualquier acción ilegítima, en los supervivientes que siempre apoyaron los derechos del pueblo palestino. Ellos son la respuesta definitiva a la blasfema utilización del odio antijudío por parte de autoridades israelíes, de cualquiera, que pretenda cubrir así su propio odio, su propio racismo, sus propios crímenes contra inocentes.

Cuando, a finales de 2024, se produjeron violencias en la ciudad europea de Ámsterdam con motivo de un partido de fútbol, pudimos ver la manifestación de estas dos actitudes ilegítimas en plena acción: el odio a «los judíos», y el uso de este odio por parte de determinados judíos para cimentar y fortalecer otro odio atroz. En aquella circunstancia —que desborda lo trágico anecdotario para convertirse en un símbolo de cuestiones muy profundas— muchos de los seguidores del Maccabi de Tel Aviv protagonizaron un sonoro abucheo durante el minuto de silencio que se pidió al comenzar el partido, en memoria de todas las víctimas del conflicto; quemaron banderas palestinas; agredieron a personas de origen árabe... y, sobre todo, fueron cantando alegre y provocativamente consignas que contenían esta literalmente demoniaca estrofa: «¡que se jodan los niños de Gaza!»... Los posteriores agresores no sólo se enfrentaron con estos hooligans, sino que se dedicaron a la búsqueda de cualquiera que identificaran como israelí o judío para agredirlo... Y para culminar estos desafueros, la reacción oficial del gobierno de Netanyahu, desde el que se tuvo la inmensa coherencia acorde a la matanza en curso, de no condenar, no identificar como pertenecientes al ámbito satánico tales cantos... y usar blasfemamente las posteriores agresiones a judíos hablando de *pogroms*, de «noche de los cristales rotos»... Otra vez la referencia al Holocausto para vetarse a sí mismos el acceso a la verdad y al amor...

El ser de Israel dañado a que nos referimos, dañado por personas que pertenecen al pueblo judío, es el misterio de Israel. Volvemos entones a las reflexiones espirituales que hemos plasmado paginas atrás: es la auténtica judaidad, la fidelidad a este ser de Israel, la que conduce, la que obliga espiritualmente a convertirse en valedores de los derechos personales y nacionales del pueblo palestino. Una misión que, como testimonio del Dios de Israel, como reconocimiento de lo sagrado, impulsa a la salvaguarda de la vida, de la integridad, de la libertad religiosa, de la cultura, de los derechos sociales, de la libertad de cada palestino... de cada libanés... de la humanidad entera. El pueblo judío fue escogido para sacramentar a todos los hombres, para mostrar a todos la pedagogía de Dios a través de los singulares avatares histórico-sagrados de un pueblo, infiel como todos los demás, a quien se mostraba la fidelidad inquebrantable de Dios... Tanto cristianos como musulmanes creemos, desde ópticas teológicas diferentes, que aquella iniciativa de Dios era como una suerte de preludio de una universalización de este mensaje divino —su ser Misericordia incondicionada—, un mensaje que en lo secreto ya operaba en el corazón de las gentes, y que se mostraba como destellos de luz en los afanes de diversos actores: profetas, espíritus iluminados con fogonazos de esta luz, que compartían con sus hermanos... Mientras dure la historia, y en el dinamismo sobrenatural de los dones irrevocables de Dios, los judíos siguen llamados a testimoniar este mensaje universal. Sólo con su ser judíos, su persistencia inaudita en el tiempo —sostenida por Dios—, y su ser entonces reflejo tangible de esa bendición para los pueblos que constituye su auténtica identidad. Lo que se oponga a esto, es decir, la apropiación, el odio… corrompe la judaidad.

Esto lo saben y lo viven los judíos religiosos a que nos hemos referido en otro capítulo, los que condenan el genocidio sabiendo que contradice la voluntad de Dios; los que se movilizan en oración, palabra profética y acción para implorar el fin de la matanza, para denunciarla y ganar corazones para la bondad y el amor, para obstaculizarla… Y, aunque no sepan con claridad esa raíz sobrenatural que es «la elección para la bendición de los pueblos», es decir, la iniciativa gratuita del Dios que ama a todos, lo viven también los judíos motivados por convicciones éticas, por el apremio y la claridad que aflora en sus corazones ante la aberración protagonizada por sus gobiernos y apoyada por gran parte de la sociedad israelí, así como de parte de los judíos de la diáspora.

Estas aberraciones cometidas en nombre de Israel son un suicidio espiritual y constituyen entonces un verdadero y radical antisemitismo.

## IX
## CRISTIANOS ANTE ESTE DRAMA:
## ANIMAR EN EL ESPÍRITU

Primero, las malas noticias: hay cristianos que no creen en esas palabras de Jesucristo, no entienden ni quieren entender ese «no será así entre vosotros». Cristianos que no creen en el Sermón de la Montaña. Así de sencillo: no es que lo crean y no lo vivan —así la percepción propia de los santos—, quieran vivirlo y no puedan, lo hagan con contradicciones incluso brutales, con altibajos desconcertantes, con carencias clamorosas... Nada de esto es obstáculo para ser cristiano: una esencia primera de la vida de la gracia es un «quiero amar y no puedo, ayúdame, hazlo posible» dirigido a Aquél que sí puede incluso lo imposible para el hombre... Pero no se trata de eso, sino de un no creer «a» Jesucristo, un no creer venido de quien dice creer «en» Jesucristo...

No nos referimos con esto a los etno-cristianos, es decir, a la masa de bautizados que han nacido en los contextos culturales de la vieja cristiandad y de los cuales, unos son cristianos y otros no lo son, por indiferencia o por hostilidad.

Tampoco nos referimos, en ámbito católico u ortodoxo, a los cristianos cuyos vínculos religiosos sólo se manifiestan con ocasión de ciertas tradiciones culturales impregnadas de símbolos cristianos y viejas historias, y en las que algunos de ellos viven unas devociones, veraces, cuyo alcance real sólo Dios conoce y que ciertamente pueden ser algo saludable para algunos o muchos de ellos. Tampoco hablamos del costumbrismo espiritual de signo cristiano, es decir, de los fieles de misa de domingo que sólo tienen alguna vaga referencia de lo que dice o no dice la Escritura y la Iglesia y en los que sin embargo sí se puede encontrar —en muy diversos grados, en estancamiento o desarrollo— fe, esperanza y caridad.

Por fin, no nos referimos con esto a quienes, en contextos culturales dominados por la Reforma y en los que muchos viven su fe cristiana en el espíritu revival de los grupos evangélicos, han sido modelados en un individualismo pietista que desvincula a estas personas de la vida social, de los retos de la caridad, de la historia: muchos de ellos, centrados en la lectura de los mensajes de fe paulinos, interpretados según esa óptica individualista extrema, apenas leen los Evangelios... Viven su vida al margen de la gracia transformante del Sermón de la Montaña.

A estos grupos de personas —muchas de ellas candidatas para una estricta primera evangelización— no se les puede señalar como no creyentes en el Sermón de la Montaña, como gentes que lo rechazan, lo censuran o lo manipulan... Sencillamente muchos de ellos no lo conocen. Algunos no lo han oído; otros, que sí lo han escuchado físicamente algunas veces, no han podido asimilarlo como verdad porque nadie con autoridad espiritual se lo ha presentado así... Otros, por una intuición sobrenatural que desborda las estrecheces de sus entornos, son de los que caminan por esa senda, por el modo de ser de Jesucristo, revelado por Él mismo y comunicado por la gracia.

¿A quién nos referimos entonces?... A grupos de cristianos militantes, visibles como tales en diversas organizaciones tanto religiosas como políticas, que hacen gala de tal identidad (católicos o reformados, o de cualquier confesión), que dicen pretender que el mundo de la política se rija por «valores cristianos», y sin embargo, defienden objetivamente valores y actitudes anticristianas. No es que expresen pluralidades legítimas en las concreciones, en los aterrizajes concretos de dichos valores, sino que los contradicen.

Vemos en el mundo sociopolítico de los Estados Unidos a grandes sectores del movimiento evangélico entregados desde siempre al ultraconservadurismo. Aplauden las políticas imperialistas como signo de predilección divina, el militarismo agresivo… amparan las brutalidades obscenas, las matanzas masivas orquestadas y ejecutadas por los gobiernos del Estado de Israel… Estos literalistas bíblicos, al parecer no han llegado a descifrar qué pueda significar la estricta literalidad de aquel «amad a vuestros enemigos», del mismo modo que nunca han podido descifrar semánticamente el «no podéis servir a Dios y al dinero»… Respecto a este drama concreto, a la deriva de los acontecimientos desde octubre de 2023, están apoyando con entusiasmo y sin rubor alguno las matanzas, la limpieza étnica, el proceso genocida. No creen en las palabras de Jesucristo, no creen en su realidad, ni en su capacidad —por gracia— de transformar a las personas convirtiéndolas por tanto en objetores de conciencia reales, en profetas que dicen públicamente la verdad delante de magistrados y príncipes dejándose atropellar por ellos y sus mandados; convirtiendo a gentes sin poder reconocido en auténticos constructores de puentes, en obstaculizadores activos que intentan trabar los mecanismos de muerte y destrucción difundiendo a los cuatro vientos que el amor, sólo el amor, que presupone y exige justicia para los oprimidos, puede ser la base de la paz. Personas que inflamadas por el Espíritu que mueve a Jesucristo a revelarse tal como es y como siente en aquel Sermón, lanzan la llamada de la no cooperación con el mal.

En ámbito católico contemplamos esa misma falta de fe. Grupos de extrema derecha que usan la bandera identitaria cristiandista para combatir mundanamente, con odio, las aberraciones de ciertas nuevas antropologías, y para hostigar de modo inmisericorde, injusto, mentiroso, soberbio, a las masas de inmigrantes pobres que llegan a Europa o Estados Unidos.

El posicionamiento general de los conservadores europeos respecto a las acciones criminales del gobierno del señor Netanyahu se puede resumir en un mirar a otro lado, exigir supuesta normalidad en relaciones económicas al parecer sagradas, minimizar el asunto de las matanzas, incidir a tiempo y a destiempo en la responsabilidad de los grupos armados palestinos difundiendo una percepción unívoca del drama que falsea el cuadro, trabar de mil modos los impulsos relativos a la alternativa de los dos Estados, etc. En las bases sociales de este conservadurismo se pueden encontrar a una multitud de personas que se confiesan cristianas… ¿es que no ven lo que significa despedazar a un niño con una bomba?

Esta posición es desbordada explícitamente por la ultraderecha cristiandista, que no tiene empacho en ir allí —por ejemplo, los señores Orban o Abascal— a apoyar públicamente todo lo que hace y dice el gobierno de Israel.

Cualquier crítica es denunciada por ellos como complicidad con el terrorismo, con unas acciones criminales que al parecer son las únicas que han acontecido allí desde, digamos, 1947. Porque para ellos —como para casi todos dependiendo de los contextos y los posicionamientos ideológicos—, el terror que provocan las acciones de los ejércitos legales no son terrorismo. Aunque multipliquen exponencialmente el sufrimiento extremo de una incontable multitud de inocentes.

Estos grupos de extrema derecha que basan su política en lo identitario cristiandista, es decir, en una ideologización antievangélica del cristianismo, no dudan entonces en entregarse al odio. Pretenden, por ejemplo, defender la fe odiando a los musulmanes. Esta es una de las claves para entender sus apoyos incondicionales a las acciones de los gobiernos de Israel, y a esta guerra de exterminio y expulsión concreta: la mayoría de los palestinos son musulmanes, y no pocos de ellos, en este pendular de acción-reacción que atraviesa la historia, se han entregado al fundamentalismo. Pasto para cebar a su vez el odio de los cristiandistas.

Trágico el que una seña de identidad de estos grupos sea la bandera de la defensa de la familia, la denuncia del aborto... A todas estas señoras y señores de la burguesía *católica*, o del pueblo llano, que se enternecen, o se entusiasman, o se indignan, en defensa de Vox, del señor Orban, del señor Trump... por su «defensa de la familia» frente a la ideología de género y el aborto... les decimos desde aquí, desde quien asimismo concibe tal ideología como falsa y sabe y dice que el aborto es un homicidio, que les sería muy saludable el desfilar delante de los cadáveres de los niños y niñas de Gaza, de los nacidos, recién nacidos o no nacidos asesinados... Les sería saludable el mirar cara a cara a las madres, a los padres, a los hermanos. También el escuchar los gritos de los niños heridos, de los que sufren sin anestesia ni analgésicos… Después de este baño de estricta realidad en que no se podría encontrar ninguna demagogia, ningún discurso, a lo mejor tendrían algún reparo en ponerse un chaleco antibalas para agasajar a las autoridades israelíes, todos sonrientes e inflados tal como si protagonizaran un evento decisivo para la historia, mientas estas autoridades les cuentan cómo van las operaciones de defensa (?) y les agradecen efusivamente sus apoyos.

El contraste entre la actitud criminal de esa derecha *católica* europea y el anuncio y la misión que brotan del Evangelio de Jesucristo, del misterio insondable de una Iglesia que tiene alma divina y está formada por pecadores llamados a conocer que son amados… no puede ser más acusado. Sin hacer una generalización absoluta —porque Dios se cuela por todas partes—, pero con constatación suficiente y escandalosa, la derecha *católica* consiste en alejar a la gente de la gracia y de la caridad mientras se la mantiene en misa… Si eso no se ha urdido en una cocina del infierno, dígame usted dónde. Para muestra, la postura ante estas matanzas.

Hay cegueras que son realmente incomprensibles; y sin embargo son omnipresentes en la historia y concretamente en la historia contemporánea que se ufana en sus declaraciones de derechos: todos, estrictamente todos, han justificado la acción satánica que constituye un bombardeo sobre civiles o al que no le importa su presencia. Siempre, como antes indicábamos, ha dependido del contexto y del posicionamiento previo. Y luego se ha justificado de varias maneras: la más extendida es el evadir la propia justificación mediante el silencio y el ocultamiento, el dejar que las cosas se enfríen, de tal modo que cuando alguien lo denuncie haya pasado el suficiente tiempo como para que no le importe a nadie salvo a algún marginado que lee la historia como «teología de la historia»; otro método para justificar tales crímenes demoniacos es el introducir esas acciones, masivas pero cada una de ellas muy concretas, en un gran relato, una gran afirmación en que se enuncia que se lucha contra tal y cual ente maligno o se defiende tal principio, siempre justo, siempre bueno, de tal modo que esas acciones concretas quedan diluidas; otra táctica es el fatalismo, es decir, el lamentarse de que las cosas «tengan que ser así», pero que no hay más remedio, que se van a minimizar los «efectos indeseados», pero que eso es el único modo de defender el bien... una respuesta que, a más de mentirosa, expresa lo que llanamente defendía el señor Maquiavelo, quien nos ha obsequiado con su presencia páginas atrás.

¿Qué es lo que se tiene que interpretar ante el cadáver de un niño que ha muerto, o ante un niño mutilado, no por accidente, sino porque otro ser humano ha activado un dispositivo cuya función es hacer daño a otros seres humanos, y no ha dudado en hacerlo sabiendo que entre los dañados también va a haber o sólo va a haber personas que no portan ni manejan tales dispositivos y entre los que se encuentran los niños?

La «defensa de la familia» de los grupos que apoyan explícita y altaneramente estos crímenes, y que acusan a los críticos, a todos ellos, de apoyar otros crímenes en que asimismo han sido asesinados o mutilados muchos inocentes... es sencillamente una burda y trágica falsedad ante las imágenes reales de familias enteras asesinadas. Una defensa tan falsa como la de aquel «hay que cuidar a la familia» que pronunciaba en el cine cierto señor de mandíbulas prominentes mientras acariciaba un gato.

Los cristianos, como tales, sí tienen una misión específica y misteriosa a la hora de confrontarse con el drama palestino-israelí. El amor y el sufrimiento ante el dolor de los hermanos no caen en el vacío...

No vamos a extendernos sobre este misterio de comunión, sólo el incidir en que en este escenario concreto, en esta confrontación histórica que perdura y se muestra como casi insoluble, al interior de la toma pública de posición de parte de los cristianos que creen en el Evangelio, al interior de las posibles acciones de respuesta al crimen masivo y de las condenas a las respuestas que sean motivadas por el odio... atravesando todo ello pueden estos cristianos dejarse introducir en un torbellino sobrenatural por el que se opera una «animación en el Espíritu» de ottas personas.

Hay un dinamismo vicario, de raíz, que envuelve a los cristianos que quieran, y que carga con lo de los otros, suple, alimenta, eleva. No desde sí, pues nada somos, sino por gracia. Y, luego, en un «luego» que no es cronológico, se da una mutua comunicación de esa gracia, venida asimismo de aquellos otros que son receptivos por la humildad. «Otros» de los que una multitud en la historia no forma parte del cuerpo visible de la Iglesia peregrina.

La conciencia cristiana de haber «recibido gratis para dar gratis», conciencia que ya es una gracia, allana este dejarse introducir en la animación en el Espíritu. Entonces se produce una sinergia de actitudes ante este drama: se celebran espiritualmente las actitudes insumisas de judíos que se niegan a la matanza, se manifiesta de parte de estos cristianos públicamente que hay obligación para tal desobediencia, se practica en la medida en que cada uno pueda y sepa... y se produce misteriosamente en el alma de muchos el deseo de vivir esas verdades y esos amores... Se espera, teologalmente, en sentido de esperanza, que esto se produzca y se incremente.

Así, la misión cristiana, ese testimoniar sin respetos humanos, el tomar postura, el ayudar como Dios dé a entender… se vincula desde esa comunicación de gracia con los corazones de hermanos de confesión islámica, con hermanos inmersos en el judaísmo, para mostrar el carácter subversivo de ese mundo de gracia que quiere fecundar la historia.

Luchar entonces por la reconciliación, por la reparación, por la restitución. Es decir, predicar incansablemente que el perdón —reflejo de ese perdón inmerecido pero necesitado que siempre recibimos de Dios— es el único camino de edificación… En su momento, aunque el momento de cada corazón es siempre ahora, se hará absolutamente necesario aquel «no devolver mal por mal» pronunciado por Jesús y cuyo eco llega a ser recibido por todos los que se abren a la gracia. Que la restitución y reparación no conlleve venganzas ni espíritu de venganza: no dañar a los que dañaron horriblemente, no despreciar siquiera a quienes manifestaron un desprecio sin límites…

Hablamos de hijos de Abraham que se matan entre sí desde hace mucho. Hablamos ahora de un plan exterminador para expulsar, hacer desparecer, asesinar, a los hijos de Ismael en esa tierra atormentada, y entre ellos también a los que desde su ser palestinos y cristianos se confiesan a la vez hijos de Ismael e hijos de Isaac. En un estudio que publicamos no hace mucho en el que se trataba de la relación profunda entre el islam y el cristianismo y que titulé *Bismillah (en nombre de Dios): amad a los musulmanes*, afirmaba que entre las conexiones místicas que vinculaban a las dos tradiciones religiosas, además de «la pasión por el hombre» y de la Virgen María, estaba Israel. Allí, como no podía ser de otra manera, se abordaba el drama de Tierra Santa intentando profundizar en los orígenes profundos de la llamada a la fraternidad que brota de cada una de las familias abrahámicas por voluntad de Dios... Isaac e Ismael vivieron la reconciliación sepultando juntos a su padre Abraham en Macpelá, es decir, reconociéndose como hijos del mismo padre, como hermanos. El que Isaac se instalara en el pozo de Agar e Ismael, el pozo que por obra de Dios los salvó de la muerte, y el que fuera entonces —explicita la Escritura— cuando Dios bendijera a Isaac, revela unos vínculos sagrados que hoy más que nunca es necesario desvelar y hacer brillar.

Deseaba al comienzo de esta reflexión que a la hora de dar a luz este libro hubiera paz... por los menos que hubiera cesado la matanza. No sé si, por el contrario, este libro va a ser compañero cronológico de un brutal aumento en la intensidad del crimen... o de su consumación genocida mediante la multiplicación de la masacre y la provocación de un éxodo masivo por medio de un gran destierro. Hemos querido, no obstante, no atar la reflexión de modo total al vaivén de los acontecimientos, sino incidir en ciertas profundidades que creemos aptas para todo tiempo y lugar. Porque nos dicen de Dios y su operación, de su gracia, del poder del amor que conduce a perdones inauditos y a restituciones imposibles. Sea lo que fuere de esta historia —a la fecha, inacabada—, sabemos que la llamada a estos amores rebeldes, que conducen a la insumisión y la libertad espiritual, que dan luz sobre a dónde pueden conducir las apropiaciones religiosas, que revelan cuáles son los dioses de cada cual... es una llamada intemporal.

Con el deseo de que sea escuchada por muchos... con el deseo angustiado de que los tentados al odio a causa de las aberraciones criminales de otros hermanos escuchen esta llamada y experimenten que sus corazones doloridos por la injusticia que se abate sobre tantos inocentes no deben sucumbir a un espíritu que tarde o temprano los conducirá por el mismo derrotero hoy despreciado... Con el deseo absolutamente desproporcionado de que incluso la gente de religión, esa derecha *católica* de que hablábamos, por ejemplo, conozca la gracia de Dios, el amor... el amor: hasta sentir punzadas de sufrimiento por el apoyo —entre imbécil y absolutamente inmisericorde— que en un espíritu sectario prestan a las masacres de inocentes visionadas por ellos mismos en las pantallas de sus móviles y en sus televisiones. Sí, que conozcan ese amor que no se presta a cálculos infames sobre la propia pervivencia como privilegiados en el mundo a costa de la muerte de los otros. Un amor que no transige con los actos de terror, ya sean los cometidos por parte de quienes son calificados de terroristas por la parte dominante del establishment internacional mientras son ensalzados como heroicos por otros establishments, o ya sean los cometidos por ese establishment dominante con sus ejércitos legales y respetados y en medio de sus declaraciones de fe democrática.

«Que no sea así entre vosotros», que la fidelidad al Israel de Dios entre los judíos suscite objeciones profundas de conciencia, que Palestina sea liberada. Que los hijos de Abraham, todos, se amen.

## EDITORIAL ANAWIM

Quiénes somos

Sencillamente somos un pequeño grupo de cristianos, católicos, que hemos conocido el Amor de Dios. No sólo a nosotros sino a toda persona llamada a la existencia... y en un misterio cósmico que un día se revelará tras los dolores de parto, un Amor que envuelve y transfigura a toda criatura.

Esta vivencia, que ya ha trastocado todas nuestras vidas, es el motor de esta pequeña editorial. Una editorial que quiere estar atenta a los dolores del mundo, a ese caudal de sufrimiento que nadie puede calcular. Y a los destellos de belleza y de bondad que asoman por doquier, y a las esperanzas y alegrías de todas las gentes.

Qué pretendemos

En comunión con la Iglesia, con la conciencia de que sus llamadas más candentes, más ardientes, más comprometedoras, son desconocidas o situadas en un segundo plano en el alma de muchos hermanos. Así pues, una editorial para intentar, humildemente y confiando en la acción misteriosa de la Providencia, dar luz sobre unas «enseñanzas sociales» transidas de amor sobrenatural y de un lenguaje religioso personalista que remite al Señor de la Historia, Jesucristo...

Antiguas inquietudes que conservan todo su valor y vigor originales; personajes desconocidos, sorprendentemente desconocidos, y cuyas vidas son como una inaudita bocanada de esperanza y de verdad; nuevos retos, profundos, complejos, reducidos al fin a la sencillez de la respuesta del amor a cada cual... Todo con sabor a rebeldía, a disidencia, a la alegría del abandono en Dios a través de las luchas por un mundo justo y pacificado, hermanado a la sombra del Padre.

Todas las batallas que el papa Francisco ha expresado en la encíclica *Fratelli tutti*, todos los ámbitos de relación, con Dios, consigo, con los otros, con el universo... La no violencia activa y orante; la lucha por la paz; la justicia y la mística de la revolución social; el amor preferente por los últimos y los descartados; el inmenso y acallado mundo de los presos y prisioneros; los pueblos indígenas como custodios de sabidurías y últimos guardianes del paraíso acosado por la destrucción; las víctimas de los racismos y los combates por el honor y la libertad de todos; el universo de los adictos que aboca a los amores gratuitos; la dignidad de la mujer y el despliegue de todas sus específicas potencialidades; la complejísima e irresoluble cuestión de la identidad de los pueblos y el universalismo, solo abordable desde el espíritu con el que el Espíritu ungió a Gandhi; el mundo de las discapacidades y la justicia social y la voz que nos dice miremos a la persona en sí; los retos de la bioética desvinculados tanto de blasfemas sumisiones a la cultura dominante y sus leyes como de encorsetamientos conservadores... Y el ecumenismo de la pasión por el hombre, que nos conduce a encontrarnos en los caminos del sufrimiento con los hermanos separados. Y el rastrear huellas del Espíritu allí donde se manifiesten, en las religiones, en las culturas... El misterio de Israel, la fraternidad sobrenatural con las gentes del islam... Y la belleza de la Creación, el desafío de la suciedad, la desarmonía, la extinción...

Una mirada de tensión universal desde el misterio de la Iglesia, donde se abisman y se sacramentalizan los anhelos verdaderos de todo hombre y mujer, en todas las edades y latitudes.

Unos modos

Entonces... desproporción absoluta: desde la insignificancia y la pequeñez, pretensiones totales, querer llegar a escalar en medio de cánticos subversivos «las colinas creadoras de la protesta» (Martin Luther King), rodeados de una nube de testigos, como dice la Escritura.

Y en esta pequeñez agraciada cuidar los signos: un espíritu no lucrativo, querer ayudar a otros, si Dios lo permite y lo bendice, mediante la creación de trabajos vinculados a la marcha de la editorial. Permitir, por supuesto, la reproducción total o parcial de lo publicado. Usar de materiales lo más respetuosos posible de los dinamismos vitales de la «Hermana Madre Tierra» (San Francisco). Estar abiertos a la sorpresa respecto a las iniciativas.

# OTROS TÍTULOS DE LA EDITORIAL